JN034320

新・教職課程演習　第12巻

初等外国語教育

筑波大学人間系助教　　名畑目真吾
広島大学大学院准教授　松宮奈賀子　編著

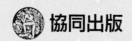
協同出版

刊行の趣旨

　教育は未来を創造する子どもたちを育む重要な営みである。それゆえ，いつの時代においても高い資質・能力を備えた教師を養成することが要請される。本『新・教職課程演習』全22巻は，こうした要請に応えることを目的として，主として教職課程受講者のために編集された演習シリーズである。

　本シリーズは，明治時代から我が国の教員養成の中核を担ってきた旧東京高等師範学校及び旧東京文理科大学の伝統を受け継ぐ筑波大学大学院人間総合科学研究科及び大学院教育研究科と，旧広島高等師範学校及び旧広島文理科大学の伝統を受け継ぐ広島大学大学院人間社会科学研究科（旧大学院教育学研究科）に所属する教員が連携して出版するものである。このような歴史と伝統を有し，教員養成に関する教育研究をリードする両大学の教員が連携協力して，我が国の教員養成の質向上を図るための教職課程の書籍を刊行するのは，歴史上初の試みである。

　本シリーズは，基礎的科目9巻，教科教育法12巻，教育実習・教職実践演習1巻の全22巻で構成されている。各巻の執筆に当たっては，学部の教職課程受講者のレポート作成や学期末試験の参考になる内容，そして教職大学院や教育系大学院の受験準備に役立つ内容，及び大学で受講する授業と学校現場での指導とのギャップを架橋する内容を目指すこととした。そのため，両大学の監修者2名と副監修者4名が，各巻の編者として各大学から原則として1名ずつ依頼し，編者が各巻のテーマに最も適任の方に執筆を依頼した。そして，各巻で具体的な質問項目（Q）を設定し，それに対する解答（A）を与えるという演習形式で執筆していただいた。いずれの巻のどのQ&Aもわかりやすく読み応えのあるものとなっている。本演習書のスタイルは，旧『講座教職課程演習』（協同出版）を踏襲するものである。

　本演習書の刊行は，顧問の野上智行先生（広島大学監事，元神戸大学長），アドバイザーの大高泉先生（筑波大学名誉教授，常磐大学大学院人間科学研究科長）と高橋超先生（広島大学名誉教授，比治山学園理事），並びに副監修者の筑波大学人間系教授の浜田博文先生と井田仁康先生，広島大学大学院教授の深澤広明先生と棚橋健治先生のご理解とご支援による賜物である。また，協同出版株式会社の小貫輝雄社長には，この連携出版を強力に後押しし，辛抱強く見守っていただいた。厚くお礼申し上げたい。

2021年2月

監修者　筑波大学人間系教授　清水　美憲

広島大学大学院教授　小山　正孝

序文

　本書は，小学校教員をはじめとした小学校外国語教育に携わる方々，そして初等教育教員養成課程にある学生など小学校外国語教育を学んでいる方々が，日々の指導や学習において抱く疑問をできるだけ細かく取り上げ，その解決の手助けとなることを目指して書かれたものである。ほとんどの教員や学生が共通して抱く疑問には，以下のようなものがあるだろう。

「小学校外国語教育の理念や目標，内容はどのようなものなのか？」
「単元指導計画や指導案の作成は，どのようなことを意識すればよいのか？」
「教材やICTはどのように効果的に活用できるのだろうか？」
「英語が苦手な児童にはどのような指導をすればよいのだろうか？」
「外国語指導のために，知っておくべき理論や専門知識はどのようなものだろうか？」
「外国語教育における小中連携では，どのようなことが大切になるのか？」

　本書ではこれらのような疑問をはじめとして，小学校外国語教育に関する具体的な疑問を1つの項目とし，それぞれの項目に対してできるだけ分かりやすくかつ丁寧な回答を2〜4ページで記載するというQ＆A形式をとっている。また，各項目は外国語教育を専門とする大学教員や教育委員会の指導主事，実際に小学校で教鞭をとっている実践のエキスパートなどによって書かれたものであり，大学の授業や教員研修での学びをさらに深めるとともに，読者自身の実践へのヒントとなれば幸いである。

　2008年の学習指導要領の改訂によって本格的に導入された小学校外国語教育は，今まさに新たな変革期を迎えている。2017年の学習指導要領の改訂により，2020年度からはこれまで第5，6学年に行われていた外国語活動が第3，4学年で行われるようになり，第5，6学年では教科としての外国語が始まった。これにより，これまでよりも年齢が低い児童に対しても外国語を指導することになり，これまでの理念を引き継ぎつつも，学習者の発達段階に応じた指導が必要となる。また，第5，6学年では英語の読み書きを学習し，評価も他教科と同じように行われるようになった。このような変化により，小学校外国語教育に携わる方々からは，これまでにはなかった新たな疑問も聞こえてくる。

「外国語活動と外国語科の授業はどのように異なるのか？」
「小学校での読むこと，書くことの目標は何か？」
「文字の読み書きはどのように指導すればよいのか？」
「教科化された外国語では評価はどのように行うべきか？」
「Small Talk とは何か？　どのように行うべきなのか？」
「年齢が低い児童の学習にはどのような特徴があるのか？」

　本書ではこれらのような新たな疑問にも対応した項目も含むことで，変革期を迎えている現在の小学校外国語教育の学びや実践にも十分に役立つものとしている。
　本書は，以下のような章立てによって構成されている。

第1章　小学校外国語教育の目的・目標
第2章　小学校外国語教育の基礎知識
第3章　小学校外国語教育の内容と指導
第4章　小学校外国語教育の評価法
第5章　学習者理解と小学校外国語の授業
第6章　小学校外国語の授業づくり
第7章　小学校外国語教育における教師の自主研修と校種間の連携

　これら7つの章を通して，先に述べたような小学校外国語教育に関する素朴な疑問から，近年新たに生まれた疑問，そしてこれからの小学校外国語教育において重要となるであろう疑問までを幅広く扱いつつ，1つ1つ丁寧に答えていく。第1章から読んでいくことで体系的に知識を身に付けることが可能であるが，読者自身が持つ個別の悩みに応じて章や項目を選択的に読んでいくこともできるだろう。なお，本書のタイトルは「初等外国語教育」であるが，各章タイトルや項目では読者にもより馴染みのある「小学校外国語教育」を同義として用いることとした。
　新たな変革期を迎えている現在の外国語教育に携わる方々は，今もなお試行錯誤を繰り返しながら，実践や学習に取り組んでいるかもしれない。本書が少しでもそうした方々の手助けとなれば，編者・筆者にとっても大きな喜びである。

　2021年2月

編者　名畑目真吾・松宮奈賀子

目次

第6章　小学校外国語の授業づくり

第7章　小学校外国語教育における教師の自主研修と校種間の連携

第1章　小学校外国語教育の
　　　　目的・目標

Q1 なぜ外国語を学習するの？

1．日本人と外国語との出会い

　日本人と外国語との出会いは古い。まずは日本人と外国語とのつきあいの歩みをたどり，日本人が外国語を学習することの意味を歴史の流れの中で考えてみよう。日本人が最初に出会った外国語は中国語で，それを介して中国の学問や文化を吸収した。続いて16世紀のなかばから貿易やキリスト教を通して，ヨーロッパのことばと文化に触れることになる。その後，江戸幕府の鎖国政策によってオランダ語を手がかりにした「蘭学」によりヨーロッパの学問・文化を取り入れる。そして，1808年のフェートン号事件でイギリスの軍艦が長崎に入港したことをきっかけに，その後，200年以上にわたる英語との本格的なつきあいが始まる（伊村，2003）。続くアメリカのペリーの来航，欧米列強とのやり取りの中で，日本人が取り組む外国語もオランダ語から英語へと推移していった。英語を通した欧米の文化吸収の動きは「英学」と呼ばれ，急速な近代化に大きな役割を果たす。続いて明治時代の終わりから大正時代，昭和時代にかけての英語存廃論（学校の科目から英語をなくそうとする動き），第二次世界大戦下の敵性語，敵国語としての英語排斥運動などを経ながらも英語教育は生き残り，現在のような位置づけに落ち着いたのである。

2．外国語を学ぶ意味は何か？

　小学校英語に限らず，中学校，高等学校での教科としての英語は誰もがその存在を疑わない地位を得ている。では，なぜ人は外国語を学習するのだろうか。さらに，私たち日本人が英語という外国語を学習するにはどのような意味があるのだろうか。「何を今さら」とも思うが，ちまたで語られる理由として，これからはグローバル化の時代であり仕事の面で将来役に立つから，世界の中で遅れを取りたくないから，東アジアや東南アジア諸国をはじ

め，世界の国々は日本よりもずっと以前から小学校で英語を教えているから，などまさに「走り出したバスに乗り遅れるな」とばかりに煽るような言説を数多く耳にする。2002年に文部科学省が発表した「英語が使える日本人」の育成という政策が示すように，現代の英語教育は英語が使えることを最優先している。しかしながら，外国語を学ぶ理由は，私たちを取り巻く環境が決めるのであろうか。外国語学習をとおして思考・感性を育てることで，私たち一人ひとりの内面にも気づかせてくれるのではないだろうか。

3．外国語の学習で得られるもの

　英語教育研究において，外国語教育の目的・目標は長い歴史の中で語り継がれてきた議論である。言語にはそのことばが話されている地域の人々の生活や文化，ものの見方・考え方や歴史が刻み込まれている。外国語を学ぶこととは，多様な言語世界へつながるドアの鍵を手に入れるようなものである。外国語を学ぶことで，日本語や日本文化を外の世界から見直すことが可能になるのではないだろうか。ドイツの詩人ゲーテ（Goethe）は，Those who know nothing of foreign languages know nothing of their own.（外国語を知らない者は自分自身の言語について何も知らない）と言っている。また，イギリスの作家キップリング（J. Kipling）は，What should they know of England who only England know?（イングランドしか知らない者がイングランドを知っていると言えるだろうか）と言っている。

　英語を試験科目とのみ考えれば，英語という言語の記号体系の学習に終わってしまうかもしれない。しかし，外国語学習は，私たちの母語である日本語や日本文化を外の世界から見る機会になり，さらに日本語および英語ということばによるコミュニケーション能力を高めてくれる可能性もある。外国語学習を，外国語という鏡に自分を映し，自分自身を見直す機会としたい。

参考文献
伊村元道（2003）.『日本の英語教育200年』東京：大修館書店.

（深澤清治）

Ｑ２　なぜ小学校で外国語を学習するの？

１．外国語学習は中学校では遅すぎる？

　小学校に英語が導入されるよりずいぶん前から，英語をはじめとする外国語の学習は早ければ早いほどよい，という言説がまことしやかに語られてきた。外国語に苦労した大人が，せめて自分の子どもたちには外国語で苦労はさせたくない，そのために少しでも早くスタートを切ることで有利になるのではと考えたのは容易に想像できる。また，いわゆるバイリンガルの子どもたちが，何の苦労もなさそうに２つ以上の言語使用を自然に切り換える姿は，早期学習の効果を認めさせるのに十分であろう。小学校英語の導入が真剣に議論された当初は，どのくらい早く始めたらよいかはあまり議論されず，中学校に入る以前という意味で，「早期英語教育」と呼ばれ，３歳児から12歳くらいまでを対象とした教育を視野に入れていた。近年では，中学校では遅すぎる，とにかく早ければ早いほどよい，などとする直感的な議論は影をひそめ，外国語教育を取りまく多くの関連諸科学の進展とともに，一定の科学的根拠を踏まえて早期の外国語学習は本当に効果があるのか語られるようになってきた。

２．早期導入の効果についての科学的根拠は？

　外国語学習にあたっては早く始めたほうがよいとする考え方は，1960年代後半の臨界期仮説（Critical Period Hypothesis）と呼ばれる仮説に基づくことが多い（詳しくはＱ８参照）。一般的な例として，例えば家族で同時期に外国生活を始めた場合に，年少の子どもたちは短期間で母語話者のような発音を身に付け，その国の言葉を苦労もなく話せるように見えるのに対して，大人である両親はなかなかその言葉を駆使できないことがよく観察され，早期外国語学習のメリットを示すと思われている。

　しかしながら，外国語学習に関して本当に常に the younger, the better. なの

であろうか。つまり，学習開始年齢のみが常に決定的な要因なのであろうか。大人の学習者は，もし高い学習動機を持ち，集中的な訓練環境があれば，the older, the faster. と言われるように，子どもより速く，効果的に学ぶことができると言われている。外国語学習の成功には，年齢だけでなく，学習環境や動機，興味・関心，学習のスタイルなども関係すると思われる。

3. 子どもの特長を活かした外国語学習とは

外国語学習を小学校に導入するために，単に中学校の内容を先取りするのではなく，中学校以降では得られにくい何かがなければならない。「鉄は熱いうちに打て」ということわざがあるように，小学生の身体的，心理的，認知的特長を活かしながら，子どもたちの資質・能力を最大限引き出す指導が求められる。児童期のコミュニケーションは，音声言語だけでなく身振り・手振りや顔の表情など全身によって表現されることが多い。実際に小学校低学年では体を動かしながら身近で簡単な英語を聞いたり，話したりする活動が中心になるであろう。つまり音声を中心とした活動であること，そして身近で体験的な活動を仕組むことが必要となる。また音声の聞き分けや真似ることにおける児童期の優位性は多くの研究で証明されている。

さらに，児童期には新しい事柄に関する興味・関心が強く，母語以外の言語や異文化に対しても心の垣根を低くして自然に受け入れることができる。このことから，児童期は，教室内の仲間だけでなく，外国の人々や文化に積極的にかかわろうとする態度を育てるのに理想的な時期であると考えられる。この時期のコミュニケーションは基本的には here and now と呼ばれる日常生活の中の身近な場面が中心である。外国語学習は子どもにとって小学校から中学校への一連の学習の流れであるはずで，校種の変化があってもその流れはスムーズなものであることが望ましい。小中連携を通して，小学校の各学年において児童期の学習意欲や認知能力に合った指導の目標，カリキュラム・学習内容，指導方法の開発を図り，小学校にふさわしい外国語学習をめざしたい。

（深澤清治）

11

Q3 小学校における外国語教育導入の経緯は？

1．外国語教育の開始時期の見直し

　公立小学校に外国語教育を導入することについては，1980年代ごろから議論が重ねられてきた。1986（昭和61）年の臨時教育審議会「教育改革に関する第二次答申」では，国際化に対応できるコミュニケーション能力の必要性が指摘された。答申の中では，外国語教育の見直しについても言及され，その一環として英語教育を小学校から開始することが検討されることになった。表1-3-1に小学校における外国語教育の主な変遷を示す。

表1-3-1　小学校における外国語教育の主な変遷

1986年	臨時教育審議会：英語教育の開始時期の見直し
1992年	研究開発学校の指定開始：国際理解教育の導入
1998年	学習指導要領改訂：総合的な学習の時間の新設
2008年	学習指導要領改訂：外国語活動の必修化（第5，6学年）
2017年	学習指導要領改訂：外国語の教科化（第5，6学年） 外国語活動の早期化（第3，4学年）

（筆者作成）

2．国際理解教育としての導入

　1992（平成4）年，当時の文部省は大阪市の公立小学校2校を研究開発学校に指定し，公立小学校で外国語教育が実験的に導入されることになった。研究開発学校における外国語教育は，国際理解教育を目的としてスタートした。研究開発学校の指定は拡大していき，1996（平成8）年には各都道府県に1校ずつにまで増加していた。同年，中央教育審議会第一次答申「21世紀を展望した我が国の教育の在り方について」が発表された。答申の中では，国際化に対応する教育の留意点が示されたが，概ね以下のようにまとめられる。

①多様な異文化を理解・尊重し，異なる文化を持つ人々と共生する資質や能力の育成を図る。

②国際理解を行うにあたり，日本人／個人としての自己の確立を図る。

③国際社会において，相手の立場を尊重しつつ，自分の考えや意思を表現するコミュニケーション能力の育成を図る。

　上記の①と②は国際理解，③はコミュニケーションに関する内容だが，これらは小学校における外国語教育の意義につながる内容と言えるだろう。自分と異なる文化に出会ったとき，「どちらが正しいか／間違っているか」と考えるのではなく，文化の違いや多様性を尊重する態度を持つことが重要である。また，そのように自分と相手の違いを理解するためには，その基準となる自分自身について深く知っている必要があり，自己の確立にもつながる。さらに，多様な文化を尊重する態度により，コミュニケーションの際に相手を尊重しつつ自分の考えや意思を伝えることも期待できる。そうなると，コミュニケーションの楽しさを体験したり，積極的に様々な人々や文化に関わりたいという気持ちが強くなったりすることもあるだろう。

　また，この答申では「総合的な学習の時間」の新設が提言され，1998（平成10）年に改訂された学習指導要領に反映された。総合的な学習の時間では，各学校が地域や学校，児童の実態などに応じ，総合的な学習や課題学習，体験的な学習などを独自に行うこととされた。扱う項目の例の中に国際理解教育も含まれており，その一環として英語をはじめとした外国語会話等を行うことが可能であった。このように，総合的な学習の時間における外国語教育の主な目的は国際理解教育や，児童を体験的に自国と異なる外国や地域の言語，生活，文化などに慣れ親しませることであった。

3．外国語活動の必修化

　総合的な学習の時間によって外国語教育が広がった一方で課題も指摘され，2008（平成20）年に学習指導要領が改訂されることとなった。総合的な学習の時間は地域や学校，児童の実態などに応じた学習ができるように各

学校の判断で実施ができたが，それは地域や学校によって外国語教育の取り組みにばらつきが生じることにもつながった。例えば，地域や学校によって，総合的な学習の時間で国際理解教育を中心に行ったところ，外国語会話を中心に行ったところ，外国語教育以外の内容を主に行ったところなど，実施状況に差が出たのである。したがって，教育の機会均等や小中接続の観点から，国として各小学校が共通して指導する外国語教育の内容を示す必要性が生じた。

　それにより，総合的な学習の時間とは別に，第5，6学年に外国語活動（年間35単位時間）が新設・必修化されることとなった。また，英語が国際共通語として使われていることから，原則として英語を扱うこととされた。外国語活動では，積極的にコミュニケーションを図ろうとする態度や，音声を中心とした慣れ親しみを育成し，中学校に向けた土台を作っておくことが目的であったと言える。ただし，英語の知識や運用能力の定着までは目的に含まれておらず，そのことから教科でなく領域として位置付けられた。

4．外国語の教科化と外国語活動の早期化

　外国語活動の必修化以降，積極的にコミュニケーションを図ろうとする態度や音声への慣れ親しみなどの点で成果が見られている。一方，課題も残されており，2017（平成29）年に学習指導要領が改訂されることとなった。『小学校学習指導要領（平成29年告示）解説　外国語活動・外国語編』によると，外国語活動の必修化後の課題は以下の通りである。

　①「音声中心で学んだことが，中学校の段階で音声から文字への学習に円滑に接続されていない」
　②「日本語と英語の音声の違いや英語の発音と綴りの関係，文構造の学習において課題がある」
　③「高学年は，児童の抽象的な思考力が高まる段階であり，より体系的な学習が求められる」

　上記の課題を踏まえ，2017（平成29）年改訂の小学校学習指導要領では，外国語活動が第3，4学年に早期化された。さらに，第5，6学年では教科としての外国語が新設され，年間70単位時間（週2回授業に相当）が充てられることとなった。外国語科では，外国語活動で培ってきた積極的にコミュニケーションを図ろうとする態度や聞くこと・話すことの慣れ親しみを土台に，読むこと・書くことを加えてより体系的な指導を目指している。外国語科ではそのような指導により，限定的ではあるが，より円滑な中学校への接続に向けて英語運用力の育成も目的に入ってくることとなった。学習指導要領は改訂から2年間の移行期間を経て，2020（令和2）年度から全面実施されることとなった。移行期間には，新学習指導要領を先行実施する学校もあれば，部分的な移行措置をとった学校もあった。移行措置として，第3，4学年で年間15単位時間の外国語活動，第5，6学年で外国語活動に外国語科の内容を加えた年間50単位時間の授業が行われた。また，関連資料として，文部科学省から小学校外国語活動・外国語研修ガイドブックや教材（*Let's Try!*，*We Can!*），国立教育政策研究所から「指導と評価の一体化」のための学習評価に関する参考資料が公開された。今後はこれらも活用しながら新しい小学校外国語教育への対応が求められる。

参考文献

文部省（1996）．『21世紀を展望した我が国の教育の在り方について（中央教育審議会第一次答申）』入手先 https://www.mext.go.jp/b_menu/shingi/chuuou/toushin/960701.htm　2020年1月6日閲覧.

文部科学省（2008）．『小学校学習指導要領解説　外国語活動編』東京：東洋館出版社.

文部科学省（2017）．『小学校学習指導要領（平成29年告示）解説　外国語活動・外国語編』東京：開隆堂出版.

（森　好紳）

Q4　小学校外国語教育の目標は？

1. 外国語活動と外国語科の全体的な目標

　2017（平成29）年に改訂された小学校学習指導要領において，外国語活動と外国語では，表1-4-1のような目標が設定されている。

表1-4-1　外国語活動と外国語科の全体的な目標

外国語活動（第3,4学年）	外国語科（第5,6学年）
外国語によるコミュニケーションにおける見方・考え方を働かせ，外国語による聞くこと，話すことの言語活動を通して，コミュニケーションを図る素地となる資質・能力を次のとおり育成することを目指す。	外国語によるコミュニケーションにおける見方・考え方を働かせ，外国語による聞くこと，読むこと，話すこと，書くことの言語活動を通して，コミュニケーションを図る基礎となる資質・能力を次のとおり育成することを目指す。

（筆者作成）

　外国語活動と外国語科の共通点として，「外国語によるコミュニケーションにおける見方・考え方」があげられる。『小学校学習指導要領（平成29年告示）解説　外国語活動・外国語編』によるとその定義は，「外国語で表現し伝え合うため，外国語やその背景にある文化を，社会や世界，他者との関わりに着目して捉え，コミュニケーションを行う目的や場面，状況等に応じて，情報を整理しながら考えなどを形成し，再構築すること」とされている。前半の内容について，特に小学校では，外国語や文化を理解した上で，相手に配慮することが重要である。また，後半の内容について，効果的なコミュニケーションの内容や方法は目的や場面，状況等によって異なる。例えば，欲しい物を友だちに伝えるときは "I want ..." と言えるが，レストランで注文するときは "I'd like ..." と丁寧に話すことが望ましい。

　また，外国語活動と外国語科では，「言語活動を通して」という文言も共通して使われている。2017年改訂小学校学習指導要領において，言語活動は「実際に英語を用いて互いの考えや気持ちを伝え合う」活動と定義されて

いる。例えば，小学校では歌やチャンツがよく用いられるが，決まった歌詞を歌うため，これらは言語活動には該当しない。児童が使う語彙や表現が指定されているタイプのゲームも同様である。これらの活動は，児童が語彙や表現を理解して使う練習をする上で必要なものである。しかし，それだけで終わらず，児童が本当に伝え合いたいと思う内容（互いの気持ちや考え）を伝え合う言語活動につなげることが重要である。また，その際，外国語活動では聞く・話す活動を扱い，外国語科ではそれらに加えて読む・書く活動を行っていくことになる。

　外国語活動と外国語科の違いとして，「コミュニケーションを図る<u>素地</u>／<u>基礎</u>となる資質・能力」を育成することが挙げられる（下線は筆者による）。外国語活動の「素地」という文言は，2008（平成20）年改訂の学習指導要領でも使われている。当時，「体験的な理解」，「積極的にコミュニケーションを図ろうとする態度」，「音声中心の慣れ親しみ」が柱とされたが，2017（平成29）年の改訂後もその基本的な性質は引き継がれている。一方，外国語科では「基礎」という文言が使われ，外国語活動で育成された「素地」を土台に，知識や技能の定着も目標とされている。ただし，あくまで小学校段階ということを考慮した限定的な水準での定着を目指す点には留意しておきたい。

２．学習指導要領における３つの柱

　2017年改訂の学習指導要領では，全ての教科等が3つの柱で再整理され，「素地」「基礎」の内容もそれらに沿って記述されている。この3つの柱とは，①「何を理解しているか，何ができるか」（知識・技能），②「理解していること・できることをどう使うか」（思考力・判断力・表現力等），③「どのように社会・世界と関わり，よりよい人生を送るか」（学びに向かう力・人間性等）のことである。

　最初に，知識・技能の目標は表1-4-2の通りである。外国語活動は，体験的な理解が目標に含まれている。体験的な理解のためには，言語や文化をコミュニケーションから切り離し，知識として機械的に覚えさせるのではな

く，言語活動の体験を通して指導することが求められる。一方，外国語科では，知識を理解したり基礎的な技能を身に付けたりするという記述から，慣れ親しみにとどまらず，定着が目標とされている。ただし，読むこと・書くことは聞くこと・話すことと違い第5学年から始まるため，慣れ親しむことから始め，聞くこと・話すことと同等の水準まで求めないこととされている。

表1-4-2　外国語活動と外国語科の知識・技能の目標

外国語活動	外国語科
外国語を通して，言語や文化について体験的に理解を深め，日本語と外国語との音声の違い等に気付くとともに，外国語の音声や基本的な表現に慣れ親しむようにする。	外国語の音声や文字，語彙，表現，文構造，言語の働きなどについて，日本語と外国語との違いに気付き，これらの知識を理解するとともに，読むこと，書くことに慣れ親しみ，聞くこと，読むこと，話すこと，書くことによる実際のコミュニケーションにおいて活用できる基礎的な技能を身に付けるようにする。

（筆者作成）

　次に，思考力・判断力・表現力等の目標は表1-4-3の通りである。外国語活動では「伝え合う力の素地を養う」ため，言語使用の正確さまでは求めていない。一方，外国語科では，「伝え合うことができる基礎的な力を養う」と定着まで目標とされている。ただし，文字言語の指導については小学校段階であることを考慮し，中学年から繰り返し音声で慣れ親しんだ語彙や表現を読んだり書いたりすることなどが想定されている。その際は，過度にドリル的な学習に偏らないように注意したい。児童が他者に関する英語を読んだり，自分のことを英語で書いたりするなどして，コミュニケーションの一環として文字に触れるようにすることが大切である。

　最後に，学びに向かう力・人間性等の目標は表1-4-4の通りである。外国語活動と外国語科に共通して，コミュニケーションを円滑に進めるためには，メッセージの受け手に分かりやすく伝える配慮が重要である。具体的に，外国語活動では話し手の目の前にいる「相手」に，外国語科ではそれに加えて文字で表現したメッセージの受け手も含めた「他者」に配慮することが求められる。コミュニケーションは，メッセージの発信者と受信者が一緒に行う

ため，「相手」や「他者」に配慮する態度を持つことが重要である。例えば，お互いのことについて相手と伝え合うときは，相手の顔を見たり相槌を打ったりして，相手の話を聞く態度を示すことが望ましい。また，自分の話をする際も，聞き手の理解を適宜確認し，必要に応じてもう一度話す，ジェスチャーを付ける，情報を加える等の工夫ができるとよいだろう。

表1-4-3　外国語活動と外国語科の思考力・判断力・表現力等の目標

外国語活動	外国語科
身近で簡単な事柄について，外国語で聞いたり話したりして自分の考えや気持ちなどを伝え合う力の素地を養う。	コミュニケーションを行う目的や場面，状況などに応じて，身近で簡単な事柄について，聞いたり話したりするとともに，音声で十分に慣れ親しんだ外国語の語彙や基本的な表現を推測しながら読んだり，語順を意識しながら書いたりして，自分の考えや気持ちなどを伝え合うことができる基礎的な力を養う。

（筆者作成）

表1-4-4　外国語活動と外国語科の学びに向かう力・人間性等の目標

外国語活動	外国語科
外国語を通して，言語やその背景にある文化に対する理解を深め，相手に配慮しながら，主体的に外国語を用いてコミュニケーションを図ろうとする態度を養う。	外国語の背景にある文化に対する理解を深め，他者に配慮しながら，主体的に外国語を用いてコミュニケーションを図ろうとする態度を養う。

（筆者作成）

参考文献

文部科学省（2017）．『小学校学習指導要領（平成29年告示）解説　外国語活動・外国語編』東京：開隆堂出版．

（森　好紳）

19

Q5 これからの小学校における外国語教育の課題は？

1. 小学校と中学校の接続

　今後の小学校外国語教育に向けての大きな課題として，小中の接続が挙げられる。2017（平成29）年に学習指導要領が改訂されるまで，小学校では第5，6学年の外国語活動において，音声中心の慣れ親しみや積極的にコミュニケーションを図ろうとする態度の育成が行われてきた。一方，中学校では，文字指導が本格的に行われたり，英語の知識や運用能力の定着までが目的とされたりするなど，小学校とのギャップが少なからず生じていた。つまり，音声指導と文字指導，慣れ親しみや動機づけと定着が，小学校と中学校の間で隔てられている状態であったとも言える。今後は第5，6学年で文字指導と（小学校段階を考慮した範囲の）定着を視野に入れた外国語が教科化され，同じ小学校の環境の下で音声指導から文字指導，慣れ親しみや動機づけから定着へ橋渡しが行われ，小中接続がよりスムーズなものになることが望まれる。

2. 早期化と教科化に際しての留意点

　小学校では第3，4学年で外国語活動が，第5，6学年で教科の外国語が実施されることになる。外国語活動に関しては，第5，6学年で行ってきたものが前倒しされると単純に捉えてはいけない。個人差はあるが3，4年生は5，6年生とは学習や発達の段階が異なるため，3，4年生が興味を持つ授業の内容を考え，児童にとって楽しく負担の少ない活動の工夫が求められる。一方，第5，6学年の外国語科では教科化や文字指導といった言葉が注目されるが，知識の教え込みや機械的な学習にならないよう，注意が必要である。文字指導も音声から切り離して行うのではなく，何度も音声で聞いたり話したりして慣れ親しみを作った上で，その語彙や表現を読んだり書いたりする活動を行う。

3．小学校における外国語教育の指導者

　現在，小学校で外国語の指導を担当しているのは，学級担任である場合が多い。その一方で，多くの学級担任が英語の運用能力や外国語の指導法に不安を抱えていることが，以前より指摘されている。これまでも教員研修やセミナーなどが行われているが，教員への支援は十分とは言い難いだろう。また，これから教員を志望する学生については，小学校教員養成課程外国語（英語）コア・カリキュラムが策定され，外国語に関する専門的事項に関する科目や外国語の指導法に関する科目が設けられている。コア・カリキュラムでは，小学校における外国語の指導に必要な知識や技術，児童の第二言語習得に関する知識，教員の授業実践に必要な4技能5領域の英語運用力，英語に関する背景知識（英語の言語的な特徴，児童文学，異文化理解等に関する知識）といった資質・能力の育成が目指されている。小学校の外国語教育が過渡期にある現在，それに適応していける教員を養成することもこれからの課題と言える。

4．「外国語＝母語話者の英語」にならない

　小学校では外国語活動と教科の外国語ともに，英語を扱うことが原則とされている。英語は多くの人々に使われているが，あくまで英語は数ある言語の中の1つであることに留意しなければならない。先述のように，現状では英語を扱うことが原則とされているため，必然的に児童は英語に触れることが多くなるが，無意識のうちに「外国語＝英語」という認識ができ上がらないよう，英語以外の言語や英語圏以外の国や文化に児童が触れる機会を設けたいところである。

　また，英語を扱う場合にも，アメリカ英語やイギリス英語だけでなく，オーストラリア英語，シンガポール英語，インド英語など，多様なバリエーションの英語が存在していることや，非母語話者がコミュニケーションの手段として英語を用いる場面が多いことも紹介できるとよいだろう。

（森　好紳）

第 2 章　小学校外国語教育の基礎知識

1．言語とのかかわり方（多様化する英語）

　国連のデータによると，世界には約7,000以上の言語があり，そのうち英語は話者人口，学習者人口，ネット上の使用者数においてもトップクラスの言語である。ただし，世界中の学習者の英語とのかかわり方は，人によって違いがある。今日の世界において英語のユーザーという視点からみれば，1）第一言語（母語）として使う人々，2）第二言語あるいは国際補助語として使う人々，3）外国語として学ぶ人々，の3種類に分かれるであろう。

　言語と個人や社会とのかかわりをこのような3種類に分類するのは，言語使用の研究においては伝統的な手法である。その古典的な例として，Kachru（1985）の World Englishes の同心円モデルでは，英語使用圏の分類を図2-6-1のように示している。このうち「内円」（Inner Circle）には第一言語圏が，「外円」（Outer Circle）には第二言語圏，拡大円（Expanding Circle）には外国語としての英語圏が，それぞれ位置している。

　第一言語（母語）（English as a Native Language, 略称ENL）としての英語話者とは，英語を主要かつ唯一の言語として使用している人々のことである。このグループに属するのはアメリカ，イギリス，オーストラリア，ニュージーランド，カナダなど一般にBANA（British, Australasia and North America）と呼ばれる国々で，その国内での支配的な文化が英語に基づく国に生活している

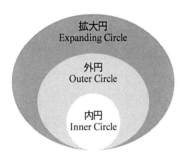

図2-6-1　Kachru（1985）の同心円モデル
（The Three-circle Model of World Englishes）

人々を指している。生まれてから最初に習得されることが多いため第一言語と呼ばれたり，母親が話す言葉であることから母語（mother tongue）と呼ばれたりする。

　続いて，第二言語（English as a Second Language, 略称ESL）としての英語話者とは，インド，フィリピン，シンガポールなど，アジア，アフリカ諸国の多民族国家に見られるように英語以外の言語を母語として，その上で仕事や生活場面で英語を公用語または補助語として用い，自らの言語的可能性のひとつと見なしている人々のことである。学校教育や高等教育の中で教授言語として使われていることもある。

　外国語（English as a Foreign Language, 略称EFL）としての英語話者とは，日本人を典型的な例として，ほかにも中国，韓国，タイ，そしてヨーロッパ諸国のように，日常的に生活言語として用いることはなく，学校の教科として英語を学んだ人々のことである。外国語を教育機関で学ぶ人の数は近年急速に伸びており，その一つの理由として小学校英語など英語学習の低年齢化が挙げられる。また，到達目標とするのはいわゆる英語母語話者の英語であるが，到達レベルにおいて最低限の意思疎通可能なレベルから母語話者のように流ちょうに使えるレベルまで大きなばらつきが見られる。

　現代社会において，母語としての一つの言語だけを使用するのみで一生を終える人はむしろまれで，これからは母語以外にもう1つ，2つの言語を使用することが社会的ニーズとなるであろう。現に，ヨーロッパでは外国語教育の目標として，すべての学習者が母語と母語以外の2言語「1＋2」を学ぶ複言語主義（Pluralingualism）の考え方による政策が進められている。

2．母語獲得と第二言語習得の特徴の比較

　上に述べた3つの英語の区分のうち，外国語としての英語と第二言語としての英語との間には必ずしも明確な境界はない。1970年代以降の第二言語習得研究では，「外国語」習得もその守備範囲に入れており（白井，2012），母語に続く2番目以降の言語の習得も「第二言語習得」に含めている。以下では母語の獲得と第二言語習得の特徴を次の5つの観点から対比する。

（1）習得環境

　母語獲得と第二言語習得との間のもっとも大きな相違点は，習得が行われる環境の違いであり，端的に言えば，「自然環境」と「教育環境」の違いと言えるであろう。日本における英語教育を考えた場合，「日本における」の部分はアメリカやイギリスなどのように日常的に英語との自然な接触がある環境とは大きく異なる。また「教育」という部分は，英語に触れる環境が，主に学校という限定された物理的環境で，一定人数の学習者が同時に同じような英語に接して，練習するという人為的な営みを通して行われるところに特徴がある。近年，英語で授業をという動きや，学校の各教科を英語で教えるイマージョン教育の取組みは，習得環境をできるだけ自然環境に近づけようとする試みと言えるであろう。

（2）言語入力の量と質

　習得環境によって，母語獲得と外国語としての英語習得で決定的に異なるのは，英語を聞いたり，読んだりして英語に接する入力の量と質において明らかに差があることである。母語としての日本語環境においては，さほど努力をしなくてもメディアや人との交流によって目が覚めている間は常に日本語に触れることが可能である。意識的に読書の機会などを持てば，入力の機会をさらに増やすことができる。これに対して，外国語としての英語環境では，英語に接する機会はほんの10年前と比べてもはるかに充実してきているが，それでも意識的に英語に接する機会を探さなければ，入力の機会は十分とは言えない。留学などを通して自然環境である英語圏の国々に滞在したとしても，努力をしなければ入力の機会を確保することはできないであろう。

　外国語による入力の量とともに，より自然で，かついろいろな社会文化的場面に特徴的な英語（コンテキストによるレジスターの違いなど）に触れることは，教室環境では難しいことが多い。例えば，教科書に現れる言語使用場面や登場人物は様々な制約により自然環境における入力よりも質的に限定されることが多いと言えよう。

（3）英語の使用機会の量と質

　入力機会と同時に，第二言語習得環境では英語で話したり書いたりする出

力機会も質量両面において限定されると言わざるを得ない。仕事や社会的な
ニーズのある場面を除いて，一般に教室環境では英語で表現するニーズのあ
る場面は乏しいため，近年のコミュニカティブアプローチやタスク中心のア
プローチでは，できるだけ学習者による主体的な自己表現場面を導入する努
力をしている。英語で話したり書いたりする機会を通して，自らの出力に対
してフィードバックを得ることで出力機会を増やすことができるであろう。

（4）組織的な指導

　教育環境の大きな特徴の1つは，学習指導要領のような国の指針に応じて，
年間を通した学習内容が教科書という形で選択・配列され，集団的かつ組織
的な指導が行われることである。例えば，文構造や文法事項は経験的な基準
で易から難へ配列され，一定量の正確な構造知識が学習できるようにデザイ
ンされている。これに対して，自然環境では膨大かつランダムな入力を通し
て構造知識に自ら気づいて理解・習得することが求められる。

（5）学習者要因

　最後に，学習者に関わる要因として，第二言語学習者はすでに母語を習得
しており，言語学習の既習体験があるという特徴がある。習得過程において
母語の知識・技能や文化的習慣は時には負の転移として第二言語の習得を妨
げることもあるが，言語学習としての共通部分の理解が第二言語習得を促進
することも考えられる。さらに，母語獲得は出生と同時に開始されるのに対
して，第二言語習得は母語の音声や統語面の習得がほぼ完成してから行われ
るという開始年齢や学習動機，学習スタイルの差も重要な要因である。

参考文献

Kachru, B. B.（1985）. Standards, codifications and sociolinguistic realism: The
　　English language in the outer circle. In R. Quirk & H. G. Widdowson
　　(Eds.), *English in the world* (pp. 11-30). Cambridge University Press.

白井恭弘（2012）.『英語教師のための第二言語習得論入門』東京：大修館
　　書店.

（深澤清治）

Q7 小学校外国語教育が参考にできる
第二言語習得研究の成果とは？

1．言語習得に不可欠なインプット

　外国語の習得に必要なものとそのために教師ができることは何か。第二言語習得研究で有名な3つの仮説を通して，この問いについて考えていく。

　子どもは，周りからのインプット（見たり聞いたりして触れる言語）を通して次第に母語を話すようになる。また，見たことも聞いたこともない単語や文法が身に付くということはない。そのため，インプットは言語習得に不可欠な存在であると分かる。インプット仮説によると，理解可能なインプットのみで言語は習得可能である。「理解可能なインプット」とは，学習者の現在のレベルよりも少しだけ難しいインプットを指す。難し過ぎるとただの騒音にしかならず，反対に簡単なものでは新しい学びがない。知らない単語や文法事項などが少しだけ含まれたインプットに十分に触れ，理解し続けさえすれば，自然と話したりできるようになるのである。理解可能なインプットを与えるには，既習の単語や文法を使うなどの言語面の工夫や，言語の使用場面（例：場所，時間）の明確化，ジェスチャーなどの非言語情報の活用が考えられる。

2．インプットを理解可能にするインタラクション

　授業で児童が触れる主なインプット源は教科書だろう。しかし，その内容が児童全員にとって常に理解可能なものということは考えにくい。そこで大事なのが他者とのやり取り（インタラクション）である。例えば，理解できない時に，"Sorry?"と言ったり首をかしげれば，相手はより簡単な表現で言い変えたり，具体的に説明したりするだろう。インタラクション仮説では，コミュニケーション上の問題に直面した際の上のようなやり取り（意味交渉）はインプットを理解可能なものにし，言語習得を促進するとしている。

また，他者とやり取りをする際には，話題や相手との関係などのコミュニケーションの場面が明確になる。そのため，単に意味を理解するだけでなく，ある表現がどのようなときに使用されるのかという言語の「機能」（例：依頼，命令）を理解することにも役立つ。

3．言語の形式への意識を高めるアウトプット

では，理解することだけで本当に第二言語は習得できるのだろうか。過去の事例において，理解可能なインプットに触れるだけでは，言語を話したときに文法上の誤りが見られるなどの問題があった。この点を解決するために提唱されたアウトプット仮説では，言語を産出（アウトプット）することの主な役割には以下の2つがある。1つ目は「言いたいことと言えないことのギャップ」への気づきである。理解できる言語と表現できるものでは前者の方が多いが，アウトプットをしないとその差に気づきにくい。2つ目は言語の形式への意識である。言語を理解する際はメッセージすなわち「意味」が分かればよく，例えば，"Yesterday, I watched a soccer game." の Yesterday さえ聞き取れれば -ed が聞き取れなくても過去の出来事だと分かる。そのため，過去の行為を表すために -ed を付けるという規則に気づきにくい。一方，アウトプットする際は，動詞の形，つづり，発音など言語の「形式」を自ら考えることになる。このように，言語をアウトプットすることは，言語の形式への意識を高める効果がある。そして，伝えることができなければ自分で調べたり，やり取りの中で正しい表現を知ることもできるのである。

ここまで見てきたように，3つの仮説はどれか1つが絶対的なものというわけではない。児童に合った理解可能なインプットを多く与え，アウトプットさせ，反応に応じたインタラクションをすることが教師の役割と言える。

参考文献

白井恭弘（2012）．『英語教師のための第二言語習得論入門』東京：大修館書店．

（鈴木健太郎）

Q8　外国語の学習は早くから始めたほうがいいの？

1．外国語の学習は早いほうがいいってホント？

　外国語（ここでは具体的に「英語」を想定する）の学習は，子どものうちにできるだけ早くから始めたほうがいいと直感的に思っている人は多いだろう。また，大人になると子どもの時より英語を身に付けるのが難しくなるという話を聞いた人もいるかもしれない。実際，かつて中学校から開始されていた英語教育は，近年では小学校第5学年から行われるようになり，2020年度からは第3学年へと開始時期がさらに引き下げられた。しかし，果たして英語を身に付けるためには本当に「早いほうがいい」のだろうか。

　英語の学習は早く始めるのがいいという考えは，臨界期仮説（critical period hypothesis）と呼ばれる仮説に基づいていることが多い。これはある一定の期間（12～13歳ごろ）を過ぎると，母語話者並みの言語能力を身に付けることが不可能になるという仮説である。しかしながら，この仮説に関する研究の多くは，英語が話されている国に何歳までに移住すれば母語話者のような英語力が身に付くかという問題を検証したものであり，その結果をそのまま日本で英語を学ぶ環境に当てはめて考えることはできない。つまり，この仮説に基づいて中学校よりも小学校で，あるいは小学校高学年よりも中学年から英語を始めたほうがいいと主張するのは適切ではない。

2．学習年齢による適性の違いを理解する

　実際の研究結果でも，英語を早く学習し始めることを直接的に支持するような結果は必ずしも得られていない。むしろ，いつ学習を始めるかよりも，年齢による適性の違いを理解して指導を行うことが重要である。

　例えば，英語を比較的早く学習し始める場合（8歳ごろ），学習者の年齢が低いために自然に言語を習得する能力が年齢の高い学習者よりも優れているとされる。つまり，明確に文法や語彙を指導されなくても，たくさんの英

語に触れることで自然と知識や技能を身につけることができるということである。ただし，このような自然な習得を行うには，膨大な時間英語に触れる必要があり，習得までの時間も長くかかることに留意したい。

図2-8-1　学習年齢による適正の違い

（筆者作成）

　一方，比較的遅くから学習を始める場合（10〜12歳ごろ），年齢の低い学習者と比較して多くの点で習得の速度が速くなることが知られている。つまり，年齢がある程度高い学習者は認知的にも発達していることから，語彙や文法を明確に指導されることで知識を効率的に得ることができ，結果的に一定の英語力をより早く身に付けることができるとされる。

　しかしながら，学習開始年齢と外国語学習の関係でこれまで分かっていることの多くは日本以外の国で行われた調査に基づくものであり，日本において年齢と英語習得の関係を明らかにするための大規模な調査は未だ行われていない。母語や指導体制が異なる日本において学習開始年齢の影響があるのかを明らかにするためにも，そのような調査の実施が待たれるところである。

参考文献

Muñoz, C.（2006）. The effects of age on foreign language learning: The BAF project. In C. Muñoz (Ed.), *Age and the rate of foreign language learning* (pp. 1-40). UK, Bristol: Multilingual Matters.

（名畑目真吾）

Q9　外国語学習に向き不向きや才能はあるの？

1．言語適性とは

　外国語学習者の中には上達が早い人と遅い人がいたり，同じ期間に同じ指導を受けても，到達度に差が出たりする。外国語学習においてこのような個人差が生まれる要因の一つが「言語適性」と考えられている。「言語適性」とは，いわば外国語を学ぶ才能のことである。こう聞くと，もしかすると「私には英語学習の適性がない」と思う人もいるかもしれない。しかし「言語適性」は単純にイチかゼロで「ある」「なし」が決まるものではない。「言語適性」は複数の構成要素から成ると考えられていて，それらのどこかが強くて，どこかが弱いといったように，学習者の適性のプロフィールは様々である。このことを理解することは，学習者を「英語が苦手な児童」「英語が得意な児童」といったふうに一面的に見るのではなく，多面的に児童の学習の状況や課題を捉えることに繋がるだろう。

2．言語適性研究からの知見

　「言語適性」に関する研究は1950年代から1960年代にかけて注目を集めるようになり，学習者の将来的な言語学習到達度を予測する「言語適性テスト」が複数開発された。テストによって適性の構成要素は多少異なるものの，「言語分析能力」「音韻処理能力」「記憶力」が基本的な構成要素とされた。そして，この「言語適性」は生得的なものであり，指導や練習によって向上しにくいものと考えられた。

　その後，「言語適性」に関する研究は，いったん下火になるが，認知科学の発展に伴い，2000年頃から再び関心を集めるようになった。また，かつての「言語適性」を生得的で不変的なものとする考え方にも疑問が呈され，現在では学習経験やプラクティスから適性の向上が可能という研究成果も出されている。そのほか，近年の研究では「言語適性」の構成要素としてワー

キングメモリが取り上げられている。ワーキングメモリとは，情報を一時的に保持し，同時に処理することに関わる能力で，例えば，25＋18といった計算を暗算で行う場合や，口頭で尋ねられた質問に答えるといった場面において必要になる。また，外国語学習の段階や言語領域（話す，聞く等）によって影響を強く与える「言語適性」の要素が異なる，といった研究も進んでいる。

3．言語適性に関する研究成果を指導に生かすには

「言語適性」があれば必ず外国語学習に成功すると約束され，適性がなければ習得の可能性がない，と考えるのは誤りである。教育においては，言語分析能力が高い学習者には文構造への気付きを促すような学び方を勧めてみる一方で，言語分析能力が低い学習者には文法規則発見への足場かけをより細かく設定する等，支援の仕方の工夫に生かす方が重要だろう。

　また，言語学習が順調に進み，成果を上げるかどうかは適性だけで決まるのではなく，目標言語の学習及び目標言語を使用して他者と関わることへの動機づけや，個々の学習者に適した学び方ができているかどうか，自信を持って学習に取り組めているかどうか，心地よい環境で学習できているかどうか，といったことからも大きな影響を受ける。「言語適性」の構成要素を知ることによって，言語学習の成功に関わる認知面の特性を理解した指導を考えることと同時に，情意面や学習方略など様々な側面から児童の学びを支援していくことが大切である。

参考文献

向山陽子（2012）．「第二言語習得における会話能力の伸長と適性プロフィールとの関連」『人文科学研究』No.8，41-54．

Skehan, P.（1998）. *A cognitive approach to language learning*. Oxford: Oxford University Press.

Wen, Z., Biedroń, A., & Skehan, P.（2017）. Foreign language aptitude theory: Yesterday, today and tomorrow. *Language Teaching, 50*(1), 1-31.

（松宮奈賀子）

Q 10 CEFRとは？

1．国際基準の外国語教育のガイドライン

　CEFRは，2001年に欧州評議会によって発表された「外国語の学習，教授，評価のためのヨーロッパ言語共通参照枠」（Common European Framework of Reference for Languages: Learning, teaching, assessment）の略称である。CEFRは，外国語能力基準を具体的・体系的に示すことで，カリキュラム作成，学習教材開発，外国語能力評価のための指針とすることを目的に開発された。その背景には，多様な言語が存在するヨーロッパでは，国や文化を超えた人々の交流を促進するための，特定の言語に限定されない言語教育の基盤の必要性があった。しかし現在では，日本を含む世界中の国と地域で様々な言語を対象に用いられている。

2．「できること」を重視した学習者像

　CEFRでは，能力基準をA1，A2（基礎段階の言語使用者），B1，B2（自立した言語使用者），C1，C2（熟達した言語使用者）の順に6つに分類し，レベルごとの到達目標として，各レベルの到達目標が「目標言語を用いてできること（CAN-DO）」が能力記述文として示されている。例えば，A1の学習者ができることには，日常表現の理解，自分や他人の紹介，住んでいる場所に関する質問応答などがある。これら全体的な目標に加え，各レベルの学習者が技能ごとにできることを，トピック，テキストの種類，言語の特徴（複雑さや発話速度など），理解や表現する内容，支援の程度などの観点で示した詳細な能力記述文もある。

　このような能力記述は，学習者は言語を通した行動によって社会との関係を築いていくという行動志向の考えに基づいており，文法や語彙知識の獲得それそのものは社会的な行動ではない。また，CEFRが目指すのは，個人が複数の言語の能力を持ち，場や相手に応じた言語を使用したり，未知の言語

に対しても知っている言語の知識を駆使してコミュニケーションしようとする複言語主義である。複言語主義では，A1レベルであっても「できないこと」ではなく，「できること」という学習者の肯定的な側面を評価する。

3．日本の英語教育におけるCEFRの活用

　日本の英語教育におけるCEFRの活用には，日本人学習者向けに開発されたCEFR-Jがある。CEFR-Jでは，CEFRに準拠しつつ日本人学習者の多くがAレベルにあるという現状を踏まえ，A1以前のPre-A1を設置し，さらにAとBの各レベルをさらに3つに細分化している。

　CEFR(-J) は，小中高の2017・2018年改訂学習指導要領の目標にも影響を与え，CEFRにおける「話すこと」の細分化（やり取り，発表）を採用し，4技能5領域における到達目標がCAN-DO形式で示されている。各教育段階における学習内容は，概ね小学校でPre-A1 ～ A1，中学校でA1 ～ A2，高校でA2 ～ B1に相当する。教科書の内容もこれに基づき編集されており，小中高におけるより段階的で体系的な英語教育の実現が期待される。2013年には，各中学校・高等学校は学習指導要領および生徒や地域の実情に基づいて，3年間，各学年，各学期などの単位で，生徒に求められる学習到達目標を，CAN-DO形式で具体的に設定することが文部科学省より求められた。他にも，NHK語学講座のコースとCEFRレベルとの関連付けや，英検の各級合格者ができることを示した英検CAN-DOリストなど，学校教育以外での活用も進んでいる。

参考文献

キース・モロウ（編集），和田稔・高田智子・緑川日出子・柳瀬和明・齋藤嘉則（翻訳）(2013).『ヨーロッパ言語共通参照枠（CEFR）から学ぶ英語教育』東京：研究社.

投野由紀夫（編集）(2013).『CAN-DOリスト作成・活用英語到達度指標CEFR-Jガイドブック』東京：大修館書店.

（鈴木健太郎）

Q 11 外国語学習と異文化理解の関係は？

1．文化とは？

　そもそも文化とは何だろう。その定義は研究者によって様々だが，ここでは，「見える文化」と「見えない文化」の2つから説明したい。まず，見える文化とは，具体的な物についての文化である。日本の見える文化としては，寿司，相撲，歌舞伎，年賀状等が挙げられる。一方，見えない文化とは，私たちの生活や行動が前提としている常識や価値観のことである。見えない日本文化の例には，謙虚さを重んじる価値観や，おもてなしの心が挙げられるだろう。このように，文化とは，見える部分と見えない部分の両者によって，人々の生活や，コミュニケーションの基盤を作っているものと言える。

2．異文化を理解するとは？

　文化には目に見えないことも含まれると考えると，同じ日本でも地域や世代によって習慣や考え方は異なるし，同じ家族であっても，考え方が全く同じということはないだろう。例えば，インターネットがなかった時代に青年期を過ごした世代と，現代のデジタルネイティブ世代とでは，ソーシャルネットワーキングサービスで人間関係を築くことへの考え方は異なるのではないだろうか。外国語を例にとると，海外の人々と交流する機会の多い環境の人とそうでない人では，外国語の必要性に対する認識が異なるだろう。このような事実から，「自分以外は全て異文化」と考えることができる。すなわち，異文化理解とは「自分以外の人々を理解すること」である。

3．外国語学習と異文化理解

　このように，異文化理解が「他者を理解すること」であることを踏まえると，外国語学習においてそれは，コミュニケーションの背景にある他の人の

見方や考え方，価値観を受け入れるための，大切な役割を担っていると言えよう。察しの文化の日本と違い，欧米圏の国々では，自分の意見や気持ちは言葉ではっきり主張しないと，理解されないのが普通である。このような文化の違いを理解することなしに，スムーズにコミュニケーションをとるのは難しい。

　そこで，外国語の授業では，児童・生徒が学んでいる言語そのものに加え，その言葉が話される文化的背景を積極的に紹介し，体感させたい。現在では，海外の事情がよく分かる動画や記事等が，インターネット上でたくさん利用できるので，ぜひ活用したい。トピックに関して述べると，最初は児童・生徒に馴染みのあるもの（学校生活等）から始めれば，自分のことと関連，比較させやすいだろう。それから，より社会的な事柄ついて，海外と日本の違いを調べさせ，英語で発表させたり，話し合わせたりする活動を行いたい。

　また，異なる常識を受け入れたり，考え方を変えたりする訓練として，発想の転換が必要な課題を行うのも良い。例えば，以下のアルファベットの列を見てほしい。空欄に入るアルファベットが分かるだろうか。読み進める前に考えてもらいたい。

J	F	M	A	M	J	J	A	S	O	＿	D

　これは，月の英単語のイニシャルが，1月（January）から順に並んでおり，下線部にはN（Novemberのイニシャル）が入る。もちろん，このような課題を解けること自体が異文化理解を意味しているわけではないが，見方や考え方を柔軟にする機会を与えられるだろう。

参考文献

原沢伊都夫（2013）.『異文化理解入門』東京:研究社.

（細田雅也）

第3章　小学校外国語教育の内容と指導

Q 12　小学校外国語活動・外国語科で扱う内容は？

1．外国語活動及び外国語科の目標と内容

　外国語学習の内容は，目指す目標の実現につながる言語材料と言語活動で構成される。例えば，外国語活動の英語の「聞くこと」の目標ウは「文字の読み方が発音されるのを聞いた際に，どの文字であるかが分かるようにする。」とある。この目標から，文字の名称の発音と形の一致が目指されていることが分かり，そこから文字で扱うのは /ei/, /bi:/...という名称と形であることが分かる。教科書を用いて指導を行う場合，どのような単語を学習するのか，どのような文法事項を学習するのか，といったことは教科書によって規定されることが多い。しかし，授業で扱う学習内容や実施する言語活動の背景には，目指す目標があることを常に意識したい。

2．外国語活動及び外国語科の内容を整理する３つの柱

　2017 年改訂小学校学習指導要領では外国語活動，外国語科ともに，内容を（1）「知識及び技能」に関すること，（2）「思考力，判断力，表現力等」に関すること，（3）知識及び技能を活用して思考力，判断力，表現力等を身に付けるための具体的な「言語活動，言語の働き」の３つで整理している。

　外国語活動と外国語科は学びの同一線上にあり，基本的な趣旨や考え方は共通のものである。そのためここからは，内容的により範囲が広い外国語科で扱う内容について述べていく。そして，その理解をもって，「小学校学習指導要領　第 4 章　外国語活動」を改めて参照していただき，学びの前段階である外国語活動の内容についてのイメージを得ていただきたい。

（1）知識及び技能：英語の特徴やきまりに関する事項

　「聞くこと」「読むこと」「話すこと（やり取り）」「話すこと（発表）」「書くこと」の５つの領域の目標を達成するのにふさわしい①音声，②文字及び符号，③語，連語及び慣用表現，④文及び文構造，の言語材料を取り扱う。

これらについて，特に理解しておきたい事項について以下に述べる。

①音声

英語の音声的な特徴として，ほぼ等間隔に強勢が置かれ，英語独特の強弱のリズムをもって話されることが挙げられる。強く長く発音される箇所と，弱く速く発音される箇所が組み合わさって英語の文ができていることを，音声に十分に慣れ親しむことを通して体得していくことが重要である。

また，リズミカルな英語らしい音韻の流れが作られる際に，語と語が連結して，発音が変わることがある。例えば，"I have a pen." と言う時，have と a が連結して「ハヴァ」のような音に変わる。この自然に話される際の音の変化にも慣れさせたい。ただし，この音の変化について理論的に説明し，理解を求めることは中学校段階で行うことになっており，小学校では自然に話される音声にたっぷりと触れ，児童自身も口ずさむことを通して英語の音への地ならしができる機会を設けておくことを意識してほしい。

音声に触れる際のモデルとしては，指導者の発話やデジタル教材，CDなどが考えられる。デジタル教材等には模範的な発音を提供できる利点があるが，特定の単語だけ繰り返したい時や，発音時の口元をしっかり見せたい時などには指導者による発音の利点が大きい。授業の前には音声教材を聞いたり，ALTと確認したりするなど，指導者自身の発音にも留意したい。

②文字及び符号

文字については，英語の活字体の大文字，小文字の「形」と「名称の発音」を一致できるようにする。文字の名称を聞いてその文字を選ぶ，文字を見てその名称を発音する，などが素早くできるようになることは，後の読み書きの重要な土台となるので，文字を扱う単元以外においても繰り返し文字に触れていくことが大切である。高学年では写真等の視覚情報と共に示された短い語句や文などから情報を読み取る，ある語句を見つけ出す，といった「読む活動」へと進んでいく。この「読む活動」においては，書かれたものを音声化して意味理解につなげる必要があるため，文字の名称だけでなく，文字の持つ「音」にも歌やジングルなどを通して，ゆっくりと慣れていくようにしたい。

写し書きなどの「書く活動」を行う際には，児童がピリオドや疑問符，コンマなどの符号にも意識を向けるような声掛けをしたい。また，指導者による板書においても，正しく符号を用いるよう留意したい。

③語，連語及び慣用表現

高学年の外国語科では600語〜700語程度の語を取り扱うこととされている。600語は指導する語数の下限であり，700語は一定の目安であり，上限ではない。600語〜700語というとかなりの語数に思えるが，これには「受容語彙」と「発信語彙」の両方が含まれていることに注意が必要である。「受容語彙」とは，聞いたり読んだりすることを通して意味が理解できるように指導する語彙である。一方の「発信語彙」は話したり書いたりして表現できるように指導する語彙であり，量的に言うと受容語彙の方が発信語彙よりもサイズ（数）が大きくなる。また，口頭で扱える語彙と読み書きできることを求める語彙のサイズも同じではない。このように語数600語〜700語程度といっても，すべての語を，すべての技能領域において，受容と発信の両方で同じレベルに活用できるようになることを求めるものではないことに留意が必要である。児童が発話において口頭で発信することができるようになることが望ましい語と，聞いてなんとなく意味のイメージが湧く語の両方があってよいことを理解して，授業計画を立てて欲しい。

④文及び文構造

小学校では主語と述語の関係が1つだけ含まれるシンプルな構造の文を扱う。例えばI like pink very much. などである。また，Do you like red? やWhat color do you like? などの疑問文やI don't like brown. 等の否定文も扱う。ここでは一般動詞のlikeを例に出したが，be動詞も学習する。

これらの学習で重要なのは，意味のある文脈でのコミュニケーションの中で繰り返し学習していくことである。例えば，文構造を文法用語を用いて説明するのではなく，言語活動を通して，基本的な表現に多く触れ，英語の文構造の特徴に気づくことができるように配慮することが重要である。

（2）思考力，判断力，表現力等：情報を整理しながら考えなどを形成し，英語で表現したり，伝え合ったりすることに関する事項

　習得した知識及び技能は，コミュニケーションを行う目的，場面，状況等に応じて活用してこそ意味を持つ。そのため，既得の知識や技能を活用するコミュニケーション場面の設定が不可欠である。コミュニケーションの目的や状況などを具体的に意識しながら，伝えたい内容を考え，適切な語を選び，情報の提示順を整理し，そして伝わるための言語・非言語の使い方を考えて表現するような言語活動の場を用意することを意識したい。

　読むこと，書くことについては，口頭でのコミュニケーションと比べ，児童の学びの段階はごく入門的である。読むことでは，音声で十分に慣れ親しんだ語句や基本的な表現を推測しながら読むことが目指されるが，正しく意味理解することだけを目的として和訳をさせるのではなく，例えば外国の小学生からの手紙を読んで，何が好きかを読み取り，自分との共通点を考えよう，といった読む目的や状況を明確にし，読むことを通したコミュニケーションとなるよう言語活動を工夫することが大切である。

（3）言語活動及び言語の働きに関する事項

　すでに述べてきたように，学習で得た知識・技能を実際のコミュニケーションにおいて思考，判断，表現しながら活用することが重要であり，そのような互いの考えや気持ちを伝え合う活動を「言語活動」と呼ぶ。この言語活動は，単なる練習とは区別される。もちろん言語の習得において練習は欠かせないものだが，コミュニケーションの目的や場面，状況が曖昧ならば，児童は自分で考え，内容を整理しながら，自分の考えや気持ちを伝え合うことができない。知識・技能の習得がゴールではなく，思考，判断，表現を繰り返す言語活動を通して，より知識・技能が深まるような指導を目指したい。

参考文献

文部科学省（2017）．『小学校学習指導要領（平成29年告示）解説　外国語活動・外国語編』東京：開隆堂出版．

（松宮奈賀子）

Q 13　聞くことの目標とその指導で大事なことは？

1. 外国語活動における聞くことの領域で育成を目指す資質・能力と指導における留意点

　2017年改訂小学校学習指導要領における聞くことの目標のア「ゆっくりはっきりと話された際に，自分のことや身の回りの物を表す簡単な語句を聞き取るようにする。」と，イ「ゆっくりはっきりと話された際に，身近で簡単な事柄に関する基本的な表現の意味が分かるようにする。」では，「ゆっくりはっきりと話された際に」という条件のもとで，身近な題材について簡単な語句や表現を聞き取らせることが述べられている。中学年の教材 *Let's Try!* から題材を拾ってみると，あいさつ，数，色，好きなもの，アルファベット，形，動物，天気，曜日，時間，学校にあるもの，ほしいもの，果物・野菜，学校の場所，一日の生活などがある。これらは子どもの生活に密着したものとなっており，日常生活の中の様々なものは英語で何と言うのだろうという素朴な好奇心から「聞いてみたい」という意欲を引き出すねらいがある。目標のウ「文字の読み方が発音されるのを聞いた際に，どの文字であるかが分かるようにする。」では，文字の「読み方」を聞き取り，それが指す文字を認識させることが述べられている。文字の「読み方」とは，例えば「B」を /biː/ と読むことを指しており，bearの中に含まれる/b/という「音」とは区別していることに留意する。アルファベットは児童がテレビや広告，町の看板などでよく目にしているので，身の回りのアルファベットを探してみるのも面白い。

　聞くことの指導において大切なことは，児童が「何を言っているのか全くわからないし予想もつかない」という状態にならないようにすることである。少し手がかりがあれば考えることが楽しくなる。例えば，場面を設定する，意味を推測するための手がかり（ジェスチャー，表情，実物，絵や写真，動画など）を適切に与える，既習事項を活用するなどしながら聞かせるとよい。特に指導者がALTと直接対話する姿を見せることは，コミュニケー

ションのモデルを示すことにもなるため，後に続くやり取りの指導にも大変有益であることから積極的に行うとよい。その際，すべての内容を聞き取るよう求めるのではなく，部分的にでも聞き取れたことを賞賛しながら指導を進めることが大切である。また，聞くことの活動は1回や2回では不十分であり，リスニング教材やゲーム等を通してたっぷりと聞く機会を確保する。音声を聞いて絵や写真に丸をつける（あるいは線で結ぶ）活動や映像を見ながら英語を聞き，日本語でメモする活動が取り組みやすい。

　中学年は高学年に比べて意味を体で表現することに抵抗が少ないため全身反応教授法（Total Physical Response：TPR）を活用した活動（例えば「サイモンセッズ」など）も積極的に取り入れたい。音声と動作を結びつけるという考えを応用すれば，色を聞き取って教室の中にあるものを探す，指示を聞いてひもで形をつくる，指示を聞いて物を移動する，"Wash your face." などの表現を聞き取ってジェスチャーで表すなど様々な活動が考えられる。アルファベットの聞き取りが単調になるのを防ぐためには，聞き取ったアルファベットの形をペアやグループで体を使って表す，聞き取った文字に共通する特徴を見つける（直線だけの文字AEF，曲線だけの文字COSなど），聞き取ったアルファベット（例えばTAXI）からタクシーの絵を指さす（*Let's Try! 2*, pp.22-23），聞こえた順にアルファベットのドットを線で結んで絵を完成する（図3-13-1）などの活動が考えられる。小文字についても同様に活動することができるが，小文字の認識は「b」と「d」，「n」と「h」，「u」と「v」など混同しやすいものもあるため，より時間をかけて丁寧に指導したい。

図3-13-1　完成した絵（ヨット）の例

2. 外国語科における聞くことの領域で育成を目指す資質・能力と指導における留意点

2017年改訂小学校学習指導要領における聞くことの目標のア「ゆっくり

はっきりと話されれば，自分のことや身近で簡単な事柄について簡単な語句や基本的な表現を聞き取ることができるようにする。」と，目標のイ「ゆっくりはっきりと話されれば，日常生活に関する身近で簡単な事柄について，具体的な情報を聞き取ることができるようにする。」を見ると，外国語科では外国語活動の目標であった「聞き取るようにする」という慣れ親しみの段階から「〜できるようにする」という技能の定着へと発展している。中学年と同様に視覚的な補助を工夫しながら音声を聞いて意味を推測させるような活動を行い，リスニング教材やゲーム等を通して聞き取る機会を多く与えることが大切である。高学年では他教科で学んだ知識も増えており，関心も広い世界へと向かっていることから，好きなものや身近なものの名前を聞き取る活動だけでなく，社会や自然と関連した内容を聞き取る活動をさせると意欲が高まる。例えば，給食に出てくる献立を題材として "The salmon is from Norway." などの文を聞いてカードと国旗を組み合わせる活動や "Snakes eat frogs." のような文を聞いて写真を線と矢印で結び，食物連鎖の図を完成させる活動などが考えられる。

　目標のウ「ゆっくりはっきりと話されれば，日常生活に関する身近で簡単な事柄について，短い話の概要を捉えることができるようにする。」にある「概要を捉える」とはある程度まとまった文章や対話を聞いて，大まかな情報を取り出す力を指しており，中学校でさらに分量の多い文章を聞くための準備として大切なポイントである。その際，いわゆるリスニングテストがリスニングの指導と同じにならないように注意する必要がある。まとまった文章を聞かせるときには，聞くための準備が必要なことがある。例えば，*We Can!* 2 Unit 4 "I like my town." の Let's Listen 1（pp.26-27）では，次の英文を聞いて，どの町のことを話しているか，あてはまる絵を選ぶ活動がある。"I like my town. We have a nice cafe and nice buildings. We don't have a library. I like reading. I want a library." 正解としては図書館ではなくカフェとビルが描いてある絵を選ばなければならないが，この英文を聞いた児童にとって，最も印象に残りやすいのは2回繰り返される library という単語である。単語レベルで聞き取っていたのでは，児童は図書館の絵が描いてある選択肢を選びやす

い。この場合，libraryは聞き取れたとしても不正解となる。「できなかった」という体験を繰り返せばモチベーションが下がる恐れがある。そこで，一通りイラストにある施設の名前をクラス全体で確認した後，聞くための準備として "Do we have a library in（地域の町の名前）? We don't have a library. Do you want a library?" などと問いかけ，簡単なやり取りをしておくとよい。聞くことの準備なので，この時点で児童に多くの英語を発話させる必要はない。簡単なやり取りをクラス全体で共有しておけば，リスニング活動の際にhave, don't have, wantに注意が向く可能性が高くなり，結果として，児童が全体の情報から判断して正しいイラストを選ぶための支援となる。

　次の例は *We Can!* 1　Unit 8 "What would you like?" のLet's Watch and Think 1に出てくるスクリプトである。動画をヒントにしながら英語を聞き取ることができるが，リスニングポイントを示しておくと必要な情報を取り出す力を育てることにつながる。例えば，次の文章を聞かせる場合で考えてみよう。

　　"Pirozhki" is from Russia. It's a kind of fried bread. It has meat and vegetables inside. Look at this Russian stew. It's called "borscht" or red soup. They put cabbage, sausages and red beets in it.

リスニングポイントとしては次のようなものが考えられる。
①どこの国の料理でしょうか。　　　答：ロシア
②Pirozhki（ピロシキ）の中身は何？　答：お肉と野菜
③Borscht（ボルシチ）に使うものは？　答：キャベツ，ソーセージ，ビーツ
　ビーツという野菜にはなじみがない児童が多いので何だろうと思うであろうが，それを児童の世界を広げるチャンスと捉えて調理前のビーツの写真を見せれば，日本であまり目にしない野菜や外国の料理に関心を持たせる機会になる。すべてを聞き取ることができなくても大丈夫という体験をしておくことは，目的に応じて粘り強く聞く姿勢を育てることにつながる。

（猫田和明）

Q14 話すこと（やり取り）の目標とその指導で大事なことは？

1. 外国語活動における話すこと（やり取り）の領域で育成を目指す資質・能力と指導における留意点

中学年の外国語活動におけるやり取りの活動では，何よりもコミュニケーションの楽しさを体験することを大切にしたい。2017年改訂小学校学習指導要領における話すこと［やり取り］の目標のア「基本的な表現を用いて挨拶，感謝，簡単な指示をしたり，それらに応じたりするようにする。」においては，挨拶をする，感謝の気持ちを伝えるなどコミュニケーションの基本が挙げられている。"Hello, how are you?" と声をかける，"I'm good, thank you." などと応じることは円滑な人間関係をつくる上で大切なやり取りである。中学年では長いやり取りを要求せず，定型表現を中心とした短い文を使って無理なくやり取りができるようにするとよい。その際，目的をもって言葉を使うことができるよう配慮する。例えば，クリスマスツリーを飾るために "What do you want?" "Yellow star, please." "Here you are." "Thank you." のようなやり取りを通してパーツを集める，フルーツケーキを作るために "Banana, please." と言って材料を集めるといったように，やり取りを通して何かが出来上がっていくようにすれば意欲も高まる。

話すこと［やり取り］の目標のイ「自分のことや身の回りの物について，動作を交えながら，自分の考えや気持ちなどを，簡単な語句や基本的な表現を用いて伝え合うようにする。」のポイントは自分の考えや気持ちを伝え合うことである。"Do you like...?" "Yes, I do. / No, I don't." などの表現を使って好きな色，食べ物，動物，スポーツなどを伝え合う活動では，友達の好みについて新しい発見があったりするので，児童同士の関係づくりにもつながる。また，「クラスで人気の〇〇を調べよう」とか「自分と同じ好みの人を探そう」のような目的を設定すると多くの児童と話そうとする意欲も高まる。話し手には，よりよく伝えるために動作を工夫したり，相手の方を向いてゆっ

くりはっきり話すことを意識づけ，聞き手には，うなずきながら聞いたり，
"Great!" や "Me, too." など短くても反応を返すように指導したい。目的意識と
相手意識を大切にしながら，たくさんのコミュニケーション体験をすること
が高学年でより発展的なやり取りをする際の礎となる。

　児童が日本語を話したり，カタカナを書いて話したりする場合には，十分
に聞く活動や口頭練習を行ったかという点を確認する必要があるだろう。市
販の活動集には様々なゲームが紹介されているので，児童の実態に応じて，
語句や表現を繰り返し聞いたり言ったりできるものを取り入れながら慣れさ
せるとよい。児童が自信をもってやり取りができるようになるためには，慣
れ親しんだ語句や表現を使って，リアルなやり取りの体験を積ませることが
必要である。語句や表現を知っているだけでは使えないので，まずは指導者
がALTとのやり取りを見せた後，児童を巻き込みながら広げていくとよい。
児童はやり取りを観察したり，指導者とのやり取りに参加したりすること
で，少しずつ「できそうだ」という気持ちを高めていく。その際は，やり取
りが学んだ表現の単なる再生の場にならないように，指導者や児童の本当の
情報を使うことがポイントである。「買い物」などの「ごっこ遊び」は明確
な場面と役割を設定しやすく，よく行われる活動であるが，どんな店にする
かという想像力を働かせて商品を並べたり追加したり，おすすめの目玉商品
をつくるなど，児童のこんな店にしたいという気持ちが形にできるような工
夫があると活動への意欲が高まる。やり取りが楽しいと思えるには，それを
通して驚きや発見があること，本物らしさを感じられることが必要である。

　話すこと［やり取り］の目標のウ「サポートを受けて，自分や相手のこと
及び身の回りの物に関する事柄について，簡単な語句や基本的な表現を用い
て質問をしたり質問に答えたりするようにする。」の中に「サポートを受け
て」とあるのは，初めて英語でやり取りを行う中学年の児童の不安を考慮
し，指導者やALT，クラスメートの助けを借りながらコミュニケーションが
できるよう配慮したものである。指導者は児童が間違ってもよいから英語を
使ってみようという気持ちになれるように，誤りに寛容な姿勢をもち，温か
いクラスの雰囲気作りに努めることが大切である。そのためには指導者自ら

が誤りを恐れず積極的に ALT とコミュニケーションをとる姿を見せ，英語を話そうとしている児童の姿を見取って積極的にほめるとよい。言い方を忘れたらどうしようという不安があっても，サポートを受けて話すことができる環境があれば，やってみようという気持ちを高めることができる。

2．外国語科における話すこと（やり取り）の領域で
　　　育成を目指す資質・能力と指導における留意点

　高学年の外国語科における話すこと［やり取り］の目標のア「基本的な表現を用いて指示，依頼をしたり，それらに応じたりすることができるようにする。」とイ「日常生活に関する身近で簡単な事柄について，自分の考えや気持ちなどを，簡単な語句や基本的な表現を用いて伝え合うことができるようにする。」では外国語活動でのやり取りの経験を生かし，慣れ親しんできた語句や表現に新たなものを加えながら，さらに幅広いコミュニケーションができることを目指す。さらに目標のウ「自分や相手のこと及び身の回りの物に関する事柄について，簡単な語句や基本的な表現を用いてその場で質問をしたり質問に答えたりして，伝え合うことができるようにする。」では，即興性や対話の継続を意識した指導も含まれ，想定される発話量も増えることから，より粘り強くかつ主体的にコミュニケーションを図ろうとする姿勢を育てていく必要がある。育てたい児童の具体的な姿としては，わからないことがあっても "Sorry?" と言って「聞き直す」こと，"I usually get up at seven." に対して "Oh, at seven. Me, too." のように「繰り返す」ことで相手の発話を受け止めること，"I want to be a vet. I like cats." のように自分の言ったことにさらに情報を加えて話したり，それに対して "Do you have a cat?" などと相手の発話を聞いて質問してみたいと思ったことをその場で質問することなどが考えられる。また，中学年よりも言語の働きに広がりをもったコミュニケーションを行わせることでやり取りの意欲を高めたい。例えば，レストランの場面で "How about...? It is delicious." とおすすめしてみる，おすすめされたものに気が乗らなければ "No, thank you. I'd like..." と断って自分のほしいものを注文する，売り切れの場合は "I am sorry. It is sold out." と謝って説

明したりするなど，同じパターンで進行するやり取りにとどまらない，主体的に考えながら話す活動に取り組ませるとよい。やり取りの指導にあたっては，単元の早い段階から単元の終わりに何を目指すのかについて児童に見通しを持たせることが大切である。レストランでの対話であれば，まずは「聞くこと」の指導の一環として，実際にその場面を見せるようにする。指導者がALTと対話をして見せ，「できるようになりたい」「やってみたい」という目標と意欲を持たせておくことが，単元を通して様々な料理の名前を学んだり，注文するのに必要な表現を学んだりするための原動力となる。

　やり取りの指導において注意したいのは対話の暗記にならないようにすることである。対話の一部を自分の情報に入れ替えてやり取りしても，セリフを覚えて再生することが目的化してしまうと，やり取りの楽しさは損なわれてしまう。モデルや例を示すことはもちろん大切であるが，その通りにしなければならないというノルマが生まれると「相手に伝えたい」「相手のことを知りたい」という気持ちを持つのが難しくなることに留意する必要がある。

　We Can! に見られる高学年の題材は，一日の生活や学校のことなど身近なものもあれば，自分たちの町や地域，日本や世界の文化といったものまで内容に広がりが見られる。また，第6学年では小学校の思い出，中学校生活への期待や将来のことを話す題材もあり，この時期の児童の関心事を考慮した話題が提供されている。児童の認知的な発達と知的好奇心の高まりに応じて，やり取りの内容を地域，他教科，異文化理解の視点から検討し，ふさわしいものを選択するとよい。題材への関心が高いほどやり取りは活発になる。児童の表現したい気持ちに寄り添った指導計画になるように工夫したい。

　一方で，やり取りの力は一朝一夕に身に付くものではなく，語句や表現を繰り返し聞いたり，既習事項を使って何度も会話したりする中で徐々に身に付いていくものであることを指導者は理解しておかなければならない。児童の学びを確かなものにするためには，ある単元で学んだ語句や表現を繰り返し使える機会を提供する必要があり，Small Talk（**Q47**を参照）のような機会を確保することで長期的な視点に立って指導することが大切である。

（猫田和明）

Q 15　話すこと（発表）の目標とその指導で　大事なことは？

1．外国語活動における話すこと（発表）の領域で育成を目指す資質・能力と指導における留意点

　中学年の外国語活動では身の回りの物，自分のこと，日常生活に関する身近で簡単な事柄について簡単な語句や基本的な表現を用いて話すことを目標とし，その際に実物などを見せながら話させることを想定している。このような活動はShow & Tellと呼ばれ，プレゼンテーションの基礎となる力を育てることになる。実物（あるいは絵や写真）があることで，それを見せたり指し示したりしながら話すことができるため，発表する側は内容を思い出しやすく，聞く側にはわかりやすくなる。また，自分が見せたいものを選ぶという過程があるため，児童にとって意欲的に取り組める活動である。しかし一方で，人前で発表することは児童が不安に感じることであるため，達成感を感じられるようにするためには，準備を行い，自信を高めていくことが必要である。発表は必ずしもクラス全体に対して行う必要はない。まずはペアやグループなどの小さな単位で発表させることで発表に慣れさせていくとよいだろう。

　Show & Tellで注意すべき点としては，最初から見せるものをすべて見せてしまうと，発表者がこれから何を言うかがわかってしまい，聞く必然性を感じられなくなるという事態が起こりうる。これを防ぐためには，発表する児童に紙芝居のように1つずつ絵や写真をめくりながら発表させたり，スリーヒントクイズのような形式で発表させたり，発表を聞いてたくさんある作品の中から発表者の作品を当てさせるなどの工夫ができる。

　2017年改訂小学校学習指導要領における話すこと［発表］の目標のア「身の回りの物について，人前で実物などを見せながら，簡単な語句や基本的な表現を用いて話すようにする。」にある「身の回りの物」についての発表とは，好きな漢字，文房具，グリーティングカードなどの作品などを，ものの

色・数・形などを描写しながら発表する活動のことである。好きな漢字であればその画数，文房具であれば何をいくつ持っているか，カードであれば様々な色の形（丸，三角，四角，星など）がいくつあるかを描写しながら発表できる。その際，児童が自分で選択したり作成したりしたものを使って発表させると活動への意欲が高まる。また，発表で用いるものをカードのやり取りや買い物の場面を通して収集させると，やり取りと発表につながりを持たせた活動ができる。

　目標のイ「自分のことについて，人前で実物などを見せながら，簡単な語句や基本的な表現を用いて話すようにする。」とウ「日常生活に関する身近で簡単な事柄について，人前で実物などを見せながら，自分の考えや気持ちなどを，簡単な語句や基本的な表現を用いて話すようにする。」にある「自分のこと」や「日常生活に関する身近で簡単な事柄」についての発表とは，例えば自己紹介の場面で自分の好きなものや苦手なもの，欲しい物などを発表したり，自分の好きな時刻，曜日などについて簡単な理由をつけて話したりすることである。"I like…" や "I want…" のような考えや気持ちを話す発表の場合は，"Wow!" とか "Me, too." などと驚きや共感をもって受け止められると嬉しく感じられるので，発表中にグループやクラスの聞き手から起こる自然な反応を妨げる必要はない。もし，児童が緊張して言葉が出てこなかったり，表現を思い出せずに困っている様子であれば，指導者が，例えば "What is your favorite place?" とか "Do you like the lunch room?" などと質問して発話を促せば，発表の雰囲気を壊すことなく児童を支援できる。

　発表は必ずしも1人で行うとは限らない。グループで作った1つの作品について，発表する部分を分担して発表することも可能である。1人では人前で発表することが苦手な児童でもグループなら不安が軽減できるため，友達と一緒に発表する経験を繰り返すことで，発表への抵抗を減らしていくことができる。絵本の読み聞かせを行ったのであれば，それをグループで演じる活動に発展させることもできる。中学年で絵本を活用して演じさせる際には，同じような表現が繰り返し出てくるものを用いると負担が少ない。

　発表させるときには聞き手への指導も必要である。きちんと話し手の方を

向いて聞くように指導し，先に述べたような短い反応を返したり，発表が終わった後に内容に関連した質問をしたりする機会を与えるとよい。児童が自ら質問することが難しい場合は，まず指導者が質問をして見せることによって児童が質問の仕方を学ぶことができる。発表した児童が発表してよかったと思えるような共感的で支援的な雰囲気を作り出すことが大切である。

2. 外国語科における話すこと（発表）の領域で育成を目指す資質・能力と指導における留意点

　高学年の外国語科における話すこと［発表］の目標のア「日常生活に関する身近で簡単な事柄について，簡単な語句や基本的な表現を用いて話すことができるようにする」では，同解説において，例えば「休日の過ごし方」を"On Sunday, I usually get up at seven. I always walk with my dog. I usually eat breakfast at eight." のような表現を使って発表することが想定されている。また，目標のイ「自分のことについて，伝えようとする内容を整理した上で，簡単な語句や基本的な表現を用いて話すことができるようにする」とウ「身近で簡単な事柄について，伝えようとする内容を整理した上で，自分の考えや気持ちなどを，簡単な語句や基本的な表現を用いて話すことができるようにする」では「内容を整理した上で」という部分が加わっていることから，中学年での発表と比べて児童に期待する発話の量が増えることが想定される。ある程度まとまった内容を話すときには，何をどの順番で言うと効果的か，その際にジェスチャーや写真を見せるタイミングをどうするかなど，目的に応じて内容と構成を考えさせる機会になる。目標には「実物などを見せながら」という記述はないが，中学年と同じように提示物を使って発表させてよい。提示物を用意することで次に何を言うか思い出しやすくなるので，発表の不安を和らげる効果もある。

　中学年において音声で伝え合った経験を十分に生かすためには，「話すこと」を主眼とした活動において，下を向いて文字を見ながら原稿を読ませるのは避けたい。なぜならば，よりよく伝えるという目的を意識できないばかりか，発表とは書かれた原稿を読み上げることというメッセージを送ること

になり，従来型の英語教育が課題としていた文字依存の学習方法を助長することになる。ポスター作りなど「書くこと」の活動と組み合わせる場合でも，「話すこと」の活動にふさわしい方法で，聞き手の方を向いて発表させたい。

　話す内容が多くなれば不安も大きくなるため，十分に練習する時間を確保することが大切である。その際，練習と本番をあえて区別せずに発表に取り組ませることも可能である。例えば，児童の不安が強い場合には，クラスの前に出て発表することを強いるのではなく，次々と話す相手やグループを変えながら発表していく形態でも構わない。1回目よりも2回目，2回目よりも3回目と徐々に自信をつけて発表している児童の姿を捉えることができれば，それを価値づけ，クラス全体に向けた発表に挑戦させればよい。

　高学年の児童が発表したいという意欲を維持するためには題材の選択は重要である。高学年の児童は，他教科の内容を含めてたくさんの知識を持っており，日常生活や身の回りのことだけでなく，様々な地域や国の自然や文化へと関心が高まっている。そのような児童に対してはCLIL（Content and Language Integrated Learning：内容言語統合型学習）の視点に立った教科横断的なテーマを取り入れることも有効である。例えば，笹島・山野（2019）では実践例として，動物の住処や水資源の学習を通して環境について考えたり，海外の学校に向けてビデオレターを作成して交流したりなど，児童が自分で調べたことや考えたことを英語で発信する活動が紹介されている。自分で調べたり発見したりしたことであれば発表する意欲が高まるため，大がかりでなく部分的にでも取り入れてみるとよい。例えば，行ってみたい国を題材とした発表の場合は，教材にある風物だけでなく，その国のことを調べ，聞き手が興味をもちそうなものを加えて発表させるといった工夫も可能である。

参考文献

笹島茂・山野有紀（編著）（2019）．『学びをつなぐ小学校外国語教育のCLIL実践』東京：三修社．

文部科学省（2017）．『小学校学習指導要領（平成29年告示）解説　外国語活動・外国語編』東京：開隆堂出版．

（猫田和明）

Q 16　読むことの目標とその指導で大事なことは？

1．読むことの領域で育成を目指す資質・能力

　読むことの領域では，個々の文字，文字がまとまって成り立つ単語，意味のまとまりを表す句，さらに文や文章という単位で書き言葉の意味内容を理解する側面（reading comprehension）と，書かれた文字や単語を発音したり，文章を音読したりする音声産出の側面（oral reading）の能力育成を目指す。母語習得における読む技能の獲得（learning to read）ではまず，音声言語で表現できることが，文字という記号を組み合わせても表せることを理解する。一方，小学校英語教育における読むことの学習は，国語科で既に文字や書き言葉の概念を習得していることから，英語ではラテン文字が用いられることを知り，その大文字・小文字を識別できるようになることから始まる。

　高学年「外国語科」の読むことの領域で育成を目指す資質・能力は，中学年「外国語活動」の聞くことの領域の目標「ウ 文字の読み方が発音されるのを聞いた際に，どの文字であるかが分かるようにする」を引き継ぐものである。この「読み方」とは，アルファベット1つ1つの「名称」，すなわち「A，aは /ei/（エイ），B，bは /biː/（ビー）」といった名前のことである。中学年では文字の名称の発音を聞いて，それが表す大文字や小文字を識別できるようにすることを目指す。高学年「外国語科」では，こうした学習を行ってきた児童を想定して，読むことの目標が以下ア，イのように設定されている。

　まず「ア 活字体で書かれた文字を識別し，その読み方を発音することができるようにする」という目標は，中学年「外国語活動」の聞くことの領域の活動として，文字の名称が発音されるのを聞きながら，形に慣れ親しんできた段階を発展させるものである。児童が大文字または小文字の活字体で書かれた文字を見て，形を識別しながら自分で名称を発音できるところまで定着させることを目指している。

　2017年改訂小学校学習指導要領では，「文字」に関する事項が，第2章第10節外国語第2の「2内容」〔知識及び技能〕の「(1)英語の特徴やきまりに関する事項」「イ　文字及び符号」に「(7)活字体の大文字，小文字」として含まれる。それを受けて中学校「外国語科」では2008年改訂学習指導要領の「2内容(3)言語材料」「イ　文字及び符号」に含まれていた「(7)アルファベットの活字体の大文字及び小文字」に対応する事項がなくなり，2017年改訂学習指導要領では，「イ　符号」だけになった。すなわち文字に関する事項は，小学校での読むこと，書くことの領域の学習内容となったのである。

　次に「イ　音声で十分に慣れ親しんだ簡単な語句や基本的な表現の意味が分かるようにする」という目標では，「音声で十分に慣れ親しんだ」という部分が非常に重要である。中学年「外国語活動」や高学年「外国語科」の学習を通して，児童は英語の簡単な語句や基本的な表現を何度も繰り返し聞いたり言ったりして，音声で慣れ親しんでいる。これらの語句や表現を文字で見て，意味が分かるようにするということである。さらに目標の文末が「分かるようにする」となっているのは，上述アの目標の「できるようにする」とは異なり，必ずしも定着を目指すわけではないことを表している。

　語句や表現を見て意味が分かるようになるためには，書かれた語の発音が浮かぶ，または実際に発音できることが必要である。そのため『小学校学習指導要領（平成29年告示）解説　外国語活動・外国語編』では，この目標に向けて，英語の文字が語の中で用いられる場合の「音」の読み方も指導すると述べられている。

　英語の文字は日本語の仮名文字と違ってそれぞれの文字の名称と音が異なり，さらに複数の音をもつ文字もある。例えば /ei/ という名称の文字aにはant や apple の /æ/，name や table の /ei/ といった「音」がある。語を発音したり書いたりするためには，語に含まれる文字の「音」を知っていなければならない。そこで文字には対応する音があるという気づきを促しておけば，語の綴りを見た時に，いずれかの文字の音がぼんやりと浮かび，それが語全体の発音の推測に繋がる。さらに語の発音が何となく分かれば，聞いて理解できる語句や表現の中から，視覚情報なども参考にしてその意味を引き出す手

掛かりになる。「読むこと」の領域では児童にこうした経験を積ませながら，書き言葉を理解する面白さを感じさせていくことが大切である。

2. 読むことの指導における留意点

（1）文字の形の識別と読み方を発音する指導

　小学校で児童はキーボード入力の学習や第3学年国語科におけるローマ字学習など，英語以外の教科等の学びを通してアルファベットに接している。中学年「外国語活動」で英語の文字を導入する際には，まず児童に，日常生活の中で身の回りの多くのものにアルファベットが使われていることに気づかせながら文字への意識を高め，興味・関心をもたせることが大切である。

　個々の文字に焦点を当てた指導では，例えアルファベットを順番に見せ，"/ei/, /bi:/, ..." と言いながら「文字の形と名称の対応」を1つずつ知識として教えこむことは望ましくない。「ネコの絵カードを見ながらcatの発音を聞き，それを真似て発音を繰り返しているうちに，catが英語ではネコを表すことを理解する」ようなイメージで，何度も文字の名称を聞き，それに対応する文字を見つける活動などを通して，少しずつ慣れ親しませるようにする。また，最初から様々な文字を指して "What's this letter?" と尋ねるのは，その文字の「名称を発音すること」に繋がり，中学年では必ずしも求められていない。もちろん児童は文字を見れば名称を言ってみたくなるものだが，文字学習の初期段階では，/bi:/ という音声を聞いて対応するBやbの文字カードを指差すなど，「聞こえた名称を表す文字が分かるようにする」活動を十分に行い，文字を識別する楽しさを引き出すことを大切にする。

　実際に児童が文字の名称を発音する段階になっても，単に提示された文字の読み方を発音する無意味な形でなく，その言語活動に「読み方を発音して相手に伝える必要性」のある目的・場面・状況の設定を意識する。例えば，自己紹介の場面で相手に自分の名前を正確に伝える活動や，単語の発音は分からなくても，身近にあるアルファベットで書かれた看板などについて文字の名称を発音しながら説明し合う活動などを取り入れたい。

（2）簡単な語句や表現の意味が分かるようにする指導

　高学年「外国語科」では，基礎的な語彙や表現にまず音声で慣れ親しむことが優先される。そして読むことの言語活動では，児童の学習負担を考慮しながら，「聞いて内容が分かり，話して伝えることができる」ようになった語彙や表現を含む掲示やパンフレットなどを用いる。授業の中で繰り返し目にしてきた綴りの全体的なイメージや，添えられた写真やイラストなどの視覚情報，文字と音の対応に関する気づきなどを活用しながら，語句や表現を読んで意味が何となく分かったという経験に繋げることを意図している。

　文字と音の対応への気づきを促す際にも，個々の音とそれが対応する文字を組み合わせ，機械的に知識として指導してしまうと，文字の名称と混乱したり，対応ルールやその数に圧倒されて児童が困難を感じてしまったりすることがある。小学校段階では，児童が音声で慣れ親しんでいる語の中から初めの音（初頭音）が共通するものを代表的に取り上げ，" /t/, /t/, tiger, /t/, /t/, tennis, /t/, /t/, time..." のようにジングルを言う活動などを積極的に取り入れる。そして「これらの語の初めの音が全部同じで，それらはtの文字で表される」という気づきを重ねながら，英語の文字には名称と音があるという認識を高めるようにする。『小学校学習指導要領（平成29年告示）解説　外国語活動・外国語編』にも，「中学校で発音と綴りとを関連付けて指導することに留意し，小学校では音声と文字とを関連付ける指導に留めることに留意する必要がある」と述べられている。

　また語句や表現を見て意味が分かるようにするには，絵本の活用も有効である。児童向けの英語絵本には，表現の繰り返しや，脚韻などリズムの工夫という特徴がある。読み聞かせを繰り返して絵本の内容が理解できるようになったら，文字を指でたどりながら聞き，特定の語句に焦点を当てて指導者と一緒に音読するように促す。そうして次第に，形のイメージや文字と音の対応についての気づきを生かして認識できる語が増えることが期待される。

参考文献

文部科学省（2017）．『小学校学習指導要領（平成29年告示）解説　外国
　　語活動・外国語編』東京：開隆堂出版．　　　　　　　　（池田　周）

Q 17　書くことの目標とその指導で大事なことは？

1．書くことの領域で育成を目指す資質・能力

　書くことの領域では，アルファベットの大文字，小文字の活字体を書くこと，および音声で十分に慣れ親しんだ簡単な語句や基本的な表現を書き写したり，自分が表現したい内容に合わせて一部を置き換えて完成させたりすることができる技能の育成を目指す。

　聞いたり話したり，さらに文字を見て何となく意味が分かる語句や表現が増えてくると，日本語と同じように自分で実際に書いてみたい，書いて伝えてみたいという児童の知的欲求が高まる。中学校「外国語科」では，文字を用いて文法事項を視覚的に体系立てて整理したり，それらに基づき創造的に文を書き出したりする学びが行われるようになる。小学校では，中学校への接続を意識しながら，「なぞる（tracing）」，「書き写す（copying）」，「例文を参考に書く」という形での指導を充実させることが重要である。綴りを暗記して，それを思い出しながら書くことまでは求めない。大切なのは音声技能から文字技能への繋がりである。「聞いて分かる。自分で言える。綴りを見ながら親しんでくれば，次第に文字だけを見て発音できるようになる。そして，発音しながら書き写したものであれば，それを見て音読でき，意味も分かる」という流れを意識する。高学年「外国語科」の具体的な書くことの領域の目標としては，以下ア，イの2つが設定されている。

　まず「ア　大文字，小文字を活字体で書くことができるようにする。また，語順を意識しながら音声で十分に慣れ親しんだ簡単な語句や基本的な表現を書き写すことができるようにする」という目標は，高学年「外国語」の読むことの領域で，アルファベットの大文字と小文字を識別し，その読み方（名称）を適切に発音できるところまで目指すことを踏まえたものである。つまり名称を発音できるようになったアルファベットを，大文字と小文字を区別しながら，4線の適切な位置に正確に書くことができる技能を定着させ

るようにする。

　また，音声で慣れ親しんだ語句や表現を書き写す活動を通して，日本語とは異なり英語では語と語の間に区切りを置くことに気づかせる。語と語の区切りが認識できるようになれば，さらに語が並ぶ順序，すなわち英語の「語順」に児童の意識を向けることができるようになる。例えば Dogs chase cats. や Cats chase rabbits. などの文を，イラストを手掛かりに状況を理解しながら書き写す中で，cats がいずれの文中でも2番目にある chase の前にあるか，後ろにあるかで文の表す意味が異なることに気づかせることができる。ある語の位置が変わると，文全体の意味がどう変化するかを考える活動を通して，音声のみでは認識しづらかった語の並びを意識するようになる。

　次に「イ　自分のことや身近で簡単な事柄について，例文を参考に，音声で十分に慣れ親しんだ簡単な語句や基本的な表現を用いて書くことができるようにする」という目標では，自分の名前や年齢，好きなものや嫌いなもの，欲しいものやしてみたいことなど，聞くことや話すことの領域の言語活動を通して十分に伝え合い，理解できるようになってきたことについて，英語で書かれた文や文章を参考にしながら，それらの一部を自分が表したい内容に合わせて語や句，文単位で置き換えながら書くことができるようにすることを意図している。その際，児童が表現したいことを想定して語句を例示するが，まだ文字を見て発音できない児童がいることも想定されるため，イラストなどの視覚情報から意味を推測できるようにしておく。

　例えば「できること」を伝える表現を学ぶためにはまず，様々な動作を表す表現（sing well, run fast, play tennis, play the piano, do kendo, など）に慣れ親しむ。続いて I can... という表現に当てはめて改めて音声で慣れ親しみ，その際視覚的にも I can... という表記に何度も触れていけば，次に「自分ができることについて書いて伝える」という言語活動を設定することができる。音声言語を通して身に付けた「英語で自分ができることを表すためには，I can の後にその動作を表す表現を続ければよい」という理解を生かして，まず I can を書き写し，それに続ける「自分ができること」をイラストから選び，そこに添えられている綴りを書き写すことができるようにするというこ

とである。例示された語句に自分が伝えたいことを表す語がない場合には指導者が提示するが，その際にも，まずは音声で聞かせ，児童が反復できるようになってから，文字を示して模写させるという過程を大切にする。そして『小学校学習指導要領（平成29年告示）解説　外国語活動・外国語編』にもあるように，「児童の積極的に書こうとする気持ちに柔軟に対応」し，児童が本当の気持ちや伝えたいことを書き出せるよう配慮する。

2．書くことの指導における留意点

（1）アルファベットの大文字と小文字の活字体を書く指導

　英語を書くことの習得も，読むことの領域が文字の形の識別から始まったように，まず日本語の仮名文字とは異なるアルファベットの大文字と小文字を区別しながら，正確に書けるようになることから始まる。そのためにはまず，日本語でも英語でも「文字を書くということ」に慣れる練習が必要である。例えば，線に沿ってずれないように，同じ大きさの丸や四角を一定間隔で何個も続けて書いたり，ぐるぐる線や破線を長く一筆で書いたりしながら，鉛筆をもって線を書くことに慣れていく。こうした運筆の力を養うことが，その後，1つ1つの文字を正確に書くことに繋がる。アルファベットに決まった書き順はないとされているが，英語圏では筆記体（cursive）も用いられることから，一筆書きのようなイメージで文字を続けて書くことができる筆の運びが習得しやすいと考えられる。

　文字を書くための鉛筆の動きに慣れてきたら，名称を聞いて形を識別でき，さらに自分の力で読み方を発音できるようになった文字をなぞったり，書き写したりする活動を行う。その際，最初から鉛筆を持って紙上に書くのではなく，指導者が児童に向かって鏡文字を書き，児童がそれを人差し指で空中に倣って書く，あるいは書かれた文字を見ながら自分で真似して書くなどの「空書き」をしたり，ペアの相手の背中に文字を書いてどの文字かを当てさせたりするなど，正確さにこだわらず，文字を大きくイメージとして捉える活動を組み込むとよい。

　4線上に書く活動では，大文字と小文字を区別し，大文字は横に伸びすぎ

ないように，さらに小文字ではcとe，fとl，gとyなど文字の高さの違いや，pとq，bとdなど形の紛らわしさなどに注意しながら，正確に書くことを意識させる。特に書かせる文字の順番も，A，H，Iなど左右対称のもの，Cc，Jj，Kkなど大文字と小文字の形がほぼ同じもの，あるいはCc，Ll，Ss，Oo，Uuなど一画で書けるものなど，文字の形や運筆の特徴に配慮し，文字を書くことへの児童の興味・関心を引き出すよう工夫する。

　また，書くことの指導において実際に何を書くかについても，それまで何度も聞いたり言ったりして音声で十分に慣れ親しんできているものであることが重要である。まずは個々の文字を，その名称を発音しながら，続いて簡単な語句の綴りを言いながら，書き写す練習を行う。すなわち，児童が「自分が今英語で書いているものの発音と意味とが分かる」状態であることが必要であり，書き写しの活動を終えたら，それらの綴りを見ながら「音読してみる」活動へと発展させるようにする。

（2）語句や表現を書き写し，語順への気づきを促す指導

　文字レベルを超え複数単語を書く段階に向けて大切なのは，左から右へと文字が繋がっていく流れを感じることである。同時に，単語と単語の間の区切り，および単語を構成するそれぞれの文字の間隔にも児童の意識を向けさせるために，様々な例を実際に提示し，どの程度の語や文字の間隔がよいかについて指導者と一緒に考える時間を設けることも有効である。

　語順についても，小学校では明示的に指導するのではなく，語の並びの規則性について児童の気づきを引き出す仕掛けを取り入れるようにする。十分に音声で繰り返し慣れ親しんだ文の主語や動詞，目的語などの語の文字色を変えて板書し，視覚的に語の位置の違いを示しながら書き写しの活動を行うことで気づきを促すこともできる。

参考文献

文部科学省（2017）．『小学校学習指導要領（平成29年告示）解説　外国語活動・外国語編』東京：開隆堂出版.

（池田　周）

Q 18 文字の指導で大事なことは？

1．言語習得のしくみから理解する文字指導

　母語を習得するときのことを考えてみよう。周囲の人が意図的に語りかけたり，偶発的に周囲の人が話す音声を聞いたりすることを通して，人はことばと出会う。このような音声による母語のインプット（入力）を積み重ねるとともに，インプットされたことばをアウトプット（産出，使用）しながら人はことばの使い方を身に付けていく。音声が文字よりも先に習得されるという順序で言語習得が進むが，一般的には，5歳前後で文字のなぞり書きを覚え，徐々に自筆文字が書けるようになり，最終的に自己表現をする際に文字を使うことができるようになる。

　外国語の習得では，母語を習得する際に身に付けた，それぞれのことばがもつ概念（物や事象が表す意味）を獲得した上で，あるいは獲得途上の状況で外国語のことばに触れることになる。この点において，母語習得のしかたと異なる。したがって，母語習得と外国語習得を同一に扱うことは安易にできないが，母語習得の要素を生かして指導できる面も多くある。

　さらに，幼児の母語習得と同様，外国語習得も文字の学習よりも先に音声を通して行われることが通例である。「言語は音声」という主張は科学的に実証されてはいないとも言われているが，多様な考えや議論があることは確かであるものの，小学校の外国語活動や外国語科の学習展開においてはまず「聞くこと」，「話すこと」による活動を充実させ，文字よりも先に音声を用いてインプットする方法を採用するのがよいだろう。

　実際，音声を先に学ぶことや音声によることばの学びを充実させることが外国語習得において有効であることも多く報告されている。文字を習得するためには，その文字を音声化できることが大切であると言われている。このことは，音声化できるようにするためには，文字よりも先に音の知識を習得していなければならないということを示している。英文を読むときには，文

字を見てそのまま意味を理解することもあるが，一度音に置き換えてから意味を理解するという順序をたどることが多い。これを「音韻符号化」という。英文読解など，文字が意味する内容を考えたり理解したりする活動を行うときにも，音声の知識や技能が重要な役割を果たしていると言われている。

　一方で，先天的に聴覚が不自由な方々は，音声によるインプットがない状態であっても，手話などの別の手段でことばの意味を符号化することで言語を習得し，コミュニケーションをすることができるようになる。手話がことばの意味（概念）と結び付き，語彙や表現が習得されていくのである。

　近年，音声重視の小学校英語教育に対して，10歳くらいから文字を扱う文法指導を行うことが外国語習得を促進するという主張も聞かれるようになってきている。2020年度から高学年において，教科用図書の使用が始まったが，教科用図書が児童の手元にあることで，家庭など学校の授業以外でも見たいときに英語の文字を見ることができるようになった。小学校段階から文字を活用する英語習得の流れは今後もさらに進んでいくことが予想されるが，児童が英語の文字に豊富に触れられる環境であっても，文字を見てその文字がもつ「音」や「意味」にも同時に興味・関心が向けられるような文字指導を，外国語科の授業を通して実践していきたいものである。

２．文字指導における小中接続

　2017年改訂小学校学習指導要領では，外国語活動および外国語科改訂の要点として，小学校で慣れ親しんだ音声による知識が中学校における文字指導と円滑に接続されていないことが挙げられた。これは，小学校段階から文字の指導を開始して，しっかり指導してほしいということではない。中学校において文字学習にすんなり入っていけるように，文字と音との関係についての気付きを十分に高めたり，文字を読んだり書いたりする活動への興味・関心を高めたりしておくことが，小学校段階で重要になってくることを示しているのである。言い換えれば，これまで以上に小学校段階で音声に十分に触れておくことが求められているということでもある。

同学習指導要領において，高学年の英語の内容では，「(3) 言語活動及び言葉の働きに関する事項　オ　書くこと」において，「音声で十分に慣れ親しんだ簡単な語句を書き写す活動」，「音声で十分に慣れ親しんだ簡単な語句や基本的な表現を用いた例の中から言葉を選んで書く活動」（下線は筆者）などが扱われることになった。これは，英語の文字や英文を書いて表現する力を身に付けることを求めているのではない。そのような段階につなげていくための素地を，小学校外国語科の「書くこと」の領域の中で養っておくということを示している。中学校外国語科では，このような小学校で培われた基盤の上に本格的な文字指導を重ねていくことになる。

　中学校においては，5つの領域（「聞くこと」，「読むこと」，「話すこと［やり取り］」，「話すこと［発表］」，「書くこと」）にわたってコミュニケーションを図る資質・能力をバランスよく育成することを目標としている。小学校高学年外国語科でも中学校同様に5つの領域による内容が示され，音声重視の活動であることが強調されてきた中で，「書くこと」が新たに扱われるようになったことは大きな変革であると言える。しかしながら，英語の文字をどのような方法でどの程度「書くこと」として取り扱うのかという点においては，小学校の教員も，中学校の教員も十分に理解しておくことが必要である。小中の教員が，それぞれの役割を責任をもって果たすことで，文字指導における円滑な，かつ効果的な接続が図られていくのである。

3．児童の主体的な学びにつながる文字指導

　前項目で述べた通り，高学年外国語科における「書くこと」では，端的に言えば，「書き写す」，「例文を参考にして書く」段階を取り扱う。したがって，単元学習の初期段階において「書くこと」が取り扱われる割合は少なく，単元で学ぶ語彙や表現を聞いたり，話したりすることを通してそれらに十分慣れ親しんだ後で（あるいは慣れ親しみつつある段階で）少しずつ書く経験を重ねていくことになる。「書くこと」の初期指導は重要であり，ゆっくり丁寧に，そして繰り返し指導することが必要である。

　小学校低学年国語科において，ひらがなや漢字の形や筆順などを丁寧に指

導していることからも分かるように，英語の文字においても，「書くこと」の入門期の指導は非常に重要である。4線を用いて筆順や文字の形を整えて丁寧に書くことや，単語と単語の間隔を空けることなど，指導者にとっては当たり前のこと，容易に感じられることであっても，児童の立場になって丁寧に取り扱いたい。一方で，過度に細かいミスに目を向けさせたり，最初から完璧な書き方を求めすぎたりしないように注意したい。あくまでも，児童が書くことに興味・関心をもち，文字を覚えれば自分が表現したいことが自由に書けるようになるかもしれないという希望をもたせることにつなげたい。文字を習得することで，「話すこと」によるコミュニケーションだけではなく，海外の人とメールでやり取りをするなどの「書くこと」によるコミュニケーションも可能になる。文字学習への動機づけを高めることや文字を学ぶことに対する必要感を児童自身にもたせることも，文字そのものの指導とともに大切にしたい側面である。

参考文献

伊東治己（2019）.『入門期からの英語文型指導―チャンク文型論のすすめ―』東京：研究社.

文部科学省（2017）.『小学校学習指導要領（平成29年度告示）解説　外国語活動・外国語編』東京：開隆堂出版.

文部科学省（2017）.『中学校学習指導要領（平成29年度告示）解説　外国語編』東京：開隆堂出版.

名畑目真吾・木村雪乃（2018）.「第7章　英語の文字とその取り扱い」. 吉田武男（監修）・卯城祐司（編著）.『初等外国語教育』(pp. 79-91) 京都：ミネルヴァ書房.

渡辺実（2011）.「幼児期における文字・書きことばの習得過程」『日本教育心理学会　第53回総会発表論文集』5-24.

（田山享子）

Q 19　ローマ字とアルファベットの指導は　　どのように異なるの？

1．ローマ字の指導

　ローマ字は，小学校第3学年国語科の学習として位置づけられている。「日常使われている簡単な単語について，ローマ字で表記されたものを読み，ローマ字で書くこと」を学習内容としている。ローマ字表記が添えられた案内板やパンフレットを見たり，コンピュータを使ったりする機会が増えるなど，児童の生活においてもローマ字の知識は必要である。

　ローマ字は，一つの文字で音素（音の最小単位）または音節を表し，「表音文字」や「単音文字」と言われる。したがって，ことばがもつ音に注目させたり，ことばの構造や音の決まりへの自覚を高めたりすることができる。ローマ字は，アルファベットの子音と母音がセットで綴られ音を表す。ローマ字表は，日本語の50音表に対応しており，日本語の音が子音と母音の組み合わせで成り立っていることを理解することができる。ここでは，母音のa（ア），i（イ），u（ウ），e（エ），o（オ）の読みは日本語の音と一致しており，明確に発音しながら指導できるが，子音のkやsなどの発音には細かく触れない。あくまでも子音と母音の組み合わせとして，ka（カ），ki（キ），ku（ク），ke（ケ），ko（コ）と，1つの音を表すことを指導する。

2．アルファベットの指導

　2017年改訂小学校学習指導要領では，小学校におけるアルファベット（文字）の取扱いは次の表3-19-1のようになっている。アルファベットを学習するというと，新出漢字を覚えるように「書いて」学習することをイメージしがちである。しかし，児童には，その前段階としてアルファベットという文字の「音」や「形」に繰り返し触れさせ，興味・関心を高めておくことが重要である。まず，「聞くこと」や「読むこと」としてアルファベットに十分

表3-19-1　外国語活動・外国語科におけるアルファベット（文字）の取扱い

第2節　英語　1目標	
（1）聞くこと 　ウ　文字の読みが発音されるのを聞いた際に，どの文字であるか分かるようにする。	（2）読むこと 　ア　活字体で書かれた文字を識別し，その読み方を発音することができるようにする。 （5）書くこと 　ア　大文字，小文字を活字体で書くことができるようにする。また，語順を意識しながら音声で十分に慣れ親しんだ簡単な語句や基本的な表現を書き写すことができるようにする。
2　内容　（3）言語活動及び言語の働きに関する事項①言語活動に関する事項	
ア　聞くこと 　（ウ）文字の読み方が発音されるのを聞いて，活字体で書かれた文字と結び付ける活動。	イ　読むこと 　（ア）活字体で書かれた文字を見て，どの文字が大文字であるか小文字であるかを識別する活動。 　（イ）活字体で書かれた文字を見て，その読み方を適切に発音する活動。 　（ウ）日常生活に関する身近で簡単な事柄を内容とする掲示やパンフレットなどから，自分が必要とする情報を得る活動。 　（エ）音声で十分に慣れ親しんだ簡単な語句や基本的な表現を，絵本などの中から識別する活動。 オ　書くこと 　（ア）文字の読み方が発音されるのを聞いて，活字体の大文字，小文字を書く活動

（筆者作成）

慣れ親しむための活動を充実させる取扱いであることに注意したい。

　中学年段階ではアルファベットの発音（「名称読み」，A:/ei/）を聞いてカードを操作したり，イラストや写真などにあるアルファベットを指さしたりする活動を繰り返しながらアルファベットの大文字と小文字に慣れ親しみ，「名称読み」と文字を正しく結び付けられるようにする。

　高学年では，中学年で十分に慣れ親しんだ大文字と小文字を識別したり発音したり，さらには書き写したりする活動へと発展させていく。また，文部科学省より示されている *We Can!* の年間指導計画活動編を参照すると，アルファベットの「音読み」を Sounds and Letters として取り扱っている。「名称

読み」とは異なるアルファベット単体の音（「音読み」，a:/æ/）に注目させながら短い音楽に乗せて口ずさむ，「アルファベットジングル」と呼ばれる活動である。*We Can!* 付属のデジタル教材を用いて「アルファベットジングル」をリズミカルに言ったり，ALTに発音を手本に「音読み」に慣れ親しませたりする活動は，中学校以降の発音指導にもつながるものである。

2017年改訂学習指導要領では，小学校で慣れ親しんだ音声による知識が中学校での文字指導と円滑に接続されていないことが，改訂の要点の1つとされた。高学年でアルファベット単体の「音読み」を取扱い，音への認識を高めることができるのであれば，児童が音声で十分慣れ親しんだ英単語の綴りの一部（共通する頭文字をもつ英単語など）に注目させるのもよいだろう。綴りを分析したり，個々の綴りに目を向けさせたりするのではなく，例えば，pの「音読み」を学んだ後に，pig, pen, petなどの単語カードを黒板に並べて掲示し，pの綴りで始まる英単語をまとめて発音してみる。指導者が詳しい解説をしなくとも，発音の共通点や綴りと発音の関係などに，児童自らが気付くためのきっかけを与えることができるのではないだろうか。

3．英語学習におけるローマ字学習の影響

ローマ字は，日本語の単音を示す表記であるが，児童は，アルファベットよりも先に学習することが多いため，英単語を読むときにローマ字の知識が影響を与えることがある。これまでの研究では，ローマ字学習の長所と短所の両方が報告されている。長所は，ローマ字の知識をもとに英単語の読みを予想できる点である。一方，英単語を発音する際に母音が挿入されてしまうことが主な短所とされる。

では，どんな点に留意して指導すべきなのだろうか。国語科におけるローマ字学習を行う学年も，外国語活動において最初にアルファベットを取り扱う学年も「小学校第3学年」であることに注目したい。両学習とも原則，学級担任が指導することになり，それが強みとなる。ローマ字とは日本語のことばの「音」を表すための手段であり，たとえ同じ形の文字であってもアルファベットとは働きが違うものである。ローマ字は，日本語話者が日本語を

どう読んでいるのかを外国の人に分かってもらうための「音の記号」であると言える。このような認識で指導にあたれば，ローマ字指導とアルファベット指導を区別できるであろう。また，ローマ字の子音は，アルファベットの子音よりも数は少ないが，国語科の学習としてローマ字を書く経験をしておくことで，外国語の授業でアルファベットを書く場面において，児童の負担軽減につながる側面もあることが考えられる。

　とはいえ，見た目が同じ文字であれば，当然児童の多くは混乱してしまうことが予想される。その際には，外国語活動や外国語科の授業で折に触れてローマ字とアルファベットの違いに触れることが大切である。これらの留意点は，中学校の教員も十分に認識しておくことが必要である。

参考文献

本田勝久・小川一美・前田智美（2007）.「ローマ字指導と小学校英語活動における有機的な連携」.『大阪教育大学紀要』第Ⅴ部門, 56, 1-15.

文部科学省（2017）.『小学校学習指導要領（平成29年告示）解説　外国語活動・外国語編』東京：開隆堂出版.

文部科学省（2017）.『小学校学習指導要領（平成29年告示）解説　国語編』東京：東洋館出版社.

文部科学省（2017）.『第6学年年間指導計画　活動例』. 入手先　https://www.mext.go.jp/component/b_menu/shingi/toushin/__icsFiles/afieldfile/2018/08/22/1395221_006.pdf　2019年12月24日閲覧.

髙橋一幸（2017）.「ローマ字指導とアルファベット指導の関係は？」. 樋口忠彦・髙橋一幸・加賀田哲也・泉惠美子（編著）『小学校英語Q&A指導法事典―教師の質問112に答える―』（p.71）. 東京：教育出版.

（田山享子）

Q 20　フォニックスとは？

1．指導法としてのフォニックス（phonics）

　「フォニックス」とは，語を構成する個々の音とそれらを表す文字（のまとまり）との対応を学ぶことにより，語を発音できるようにする指導法のことである。英語は音と文字の対応が日本語のように1対1ではなく複雑な言語であり，音声言語が十分発達した子どもにとっても文字言語発達の負荷は高い。そのため英語圏では，就学前後の読み書き技能（リテラシー）獲得の初期段階において，その困難や失敗を予防するために幅広く導入されている。

2．代表的なアプローチ

（1）アナリティック・フォニックス（analytic phonics）

　アナリティック・フォニックスでは，ターゲットとなる文字（のまとまり）を含む語を提示し，初めや終わりの文字やその語全体の形などを手掛かりに，共通する綴りのパターンやその部分の音を分析し，初出の語の発音を推測させる。例えばpan, fan, man, … やstring, strong, straw, … などの語を見て-an と str- がそれぞれ共通することに気づけば，can やstripe が発音できる子どもは，既習の子音と文字の対応や，添えられたイラストや絵などの視覚情報，文脈などを頼りに発音できることが期待される。このようにアナリティック・フォニックスは，新出語の綴りを分析して既習語と共通する部分を見つけ，その発音を手掛かりに語全体の発音を推測して読めるようにすることを目指すものである。

　アナリティック・フォニックスのうち，語のライム（rime = 語の初めの子音または子音のまとまりであるオンセット（onset）に続く部分）の共通性に焦点を当てたものをアナロジー・フォニックス（analogy phonics）と呼ぶ。このフォニックスでは，-an, -am, -at, -et, -ight, -out などのライムを一覧として暗記させ，それらを共有する語をまとめて読めるように指導する。

（2）シンセティック・フォニックス（synthetic phonics）

シンセティック・フォニックスは，語を構成する最小の音，すなわち個々の音素とそれを表す文字（のまとまり）との対応を1つ1つ明示的，体系的に提示し，それらの音を混成（blend）する練習を行って語を発音できるようにする指導法である。一般に，その指導はCVC（子音＋母音＋子音）などの単音節の語から始まる。例えば*mat*を /m/, /ɑ/, /t/ という音素に分解し，m, a, tという文字と対応させる。あるいはmat, map, man, … に共通する初頭音が /m/，中間音が /ɑ/ であることに気づかせ，それぞれの音がm, aという文字で表されることを指導する方法もある。こうして /m/, /t/ と /ɑ/ の音と文字の対応を習得した子どもは，新たに /p/ の音と文字との対応を学べば，tap, pat, map, mat などの語を，綴りを見て文字の並びの順番に音を当てはめ（decoding），それらを混成して発音することができるようになる。

（3）エンベディッド・フォニックス（embedded phonics）

初期読み指導のアプローチには個々の文字と音の対応を指導するボトム・アップ的なフォニックスと対極を成す，トップ・ダウン的な指導法であるホールランゲージ（whole language）がある。このホールランゲージ・アプローチは絵本や物語の読み聞かせの中で，意味理解を優先させながら，綴りに何度も触れることにより語が読めるようになることを目指すものである。このアプローチに，文字（のまとまり）と対応する音に焦点を当てた指導を組み込む指導法をエンベディッド・フォニックスと呼ぶ。しかし，まとまりのある文章を用いてその内容理解を最も重視する中で，ごく限られた時間で用いられるフォニックスという点でその他のアプローチとは異なる。

3．フォニックスと音韻認識

音と文字の対応についての理解を生かして初期の読み書き技能獲得を促進するためには，音声言語には文や句，語の区切りがあることを認識し，さらに語をより小さな単位の音に分解できねばならない。そのために必要な「言語の音声構造，特に語の内部構造に対する感度」は「音韻認識」と呼ばれ，メタ言語技能の1つとされている。そして「音韻認識がある」とは，語の意

味から一時的に意識をそらしながら，様々な音韻単位（音節，オンセット・ライム，音素など）で語を構成する音を，次のように操作する技能を習得した状態を表す。

　　・「分割」e.g., bag を構成する音を言う
　　・「混成」e.g., /p/,/e/,/t/〈音素レベル〉や，/m/ と /ap/〈オンセット・ライムレベル〉などの区切りで音を結合できる語を言う
　　・「削除」e.g., cat のはじめの音を /k/ を除いて at と言う
　　・「置換」e.g., hen のはじめの音を /h/ を /t/ に置き換えて ten と言う

　音韻認識が発達していれば，文字に触れ始める段階で「文字はそれぞれ対応する音を視覚的に表すものである」というアルファベット原理（alphabetic principle）を理解することができ，音と文字の対応の理解が促進される。様々な単位の音に対する敏感さを総称する音韻認識のうち，特に音素レベルの音韻認識を表す「音素認識（phonemic awareness）」を発達させることは，音と文字の対応が複雑な英語の読み書き技能獲得の必要条件とされている。

　音韻認識を発達させる指導は，文字とは関係なく，語の音声構造を意識しながら様々な単位で音を操作する活動として行われる。こうした指導がフォニックスと混同されることがあるが，フォニックスは語を構成する音がどのような文字（のまとまり）で表されるかに関心があり，音と文字の対応ルールに基づいて語を発音できることを目指す指導法である。すなわち，音の操作を行う活動を通して音韻認識を事前に高めておくことが，音を文字と対応させるフォニックスを導入するために必要と言える。

4．フォニックス導入の留意点

　日本語は「モーラ（拍）」という「子音＋母音」のまとまりを基本的な音韻単位とし，1つのモーラが1つの文字に対応する。一方，英語では個々の音素に対応する文字が複数あったり，2つ以上の文字がまとまって1つの音素を表したりすること（/k/ が c，k，ck，あるいは /uː/ が ou, oo, u で表されるなど）があるため，音と文字の対応の理解が困難であり，読み書き発達の負荷も高いと考えられる。そのため読み書き指導導入の初期段階に，フォニッ

クスが用いられることもある。確かにフォニックスにより，幼い子どもでも英語の綴りを見て発音できる語が増えたという指摘は多い。しかしその導入については議論もあり，子どもの発達段階や学び方の特徴など慎重に考慮することも必要である。例えばフォニックスにより習得した文字と音の対応ルールに従えば，無意味語（non-word）と呼ばれる英語に存在しない語も発音できるため，これらが指導に積極的に取り入れられる事例がある。これについては，英語に存在しない語を感覚として見抜く力を損なうという懸念から，子どもが聞いて意味を理解できる語だけを扱うべきという意見もある。

　さらに，英語を母語とする子どもたちにフォニックスを導入した際，既に自分の力で文字と音の対応ルールを導き出して，語を発音する技能を高めつつある子どもや，絵本や物語の文脈などから語の意味を推測して読むことを好む子どもの中に，提示されたルールに従って語を発音する機械的な学びが困難あるいは苦痛に感じてしまう場合があることも指摘されている。

　読むことの領域では，単に文字と音の対応ルールに基づいて語を音読するだけでなく，意味的な側面に焦点を当てて論理関係を把握したり，推論を行ったりして内容を理解するなど様々な技能の習得が必要である。体系的なフォニックスを重視するあまり，読むことの指導が「語を発音する」ことだけに偏ることがないよう，音声で十分に慣れ親しんだ語句や表現を用いて，意味を理解しながら文字で伝え合う楽しさを感じられる言語活動を大切にする。そのため文字の音の扱いについて小学校「外国語」の読むことの領域では，文字には名称と音があることの理解を深め，音と文字の対応への気づきを促すという段階に留めている。2017年改訂小学校学習指導要領解説に「中学校で発音と綴りとを関連付けて指導することに留意し，小学校では音声と文字とを関連付ける指導に留めることに留意する必要がある」とあるのも，これに関係したものである。

参考文献

文部科学省（2017）.『小学校学習指導要領（平成29年告示）解説　外国語活動・外国語編』東京：開隆堂出版.　　　　　　（池田　周）

Q 21　単語はどのように学ばせたらいいの？

1．単語が分かることと使えること

　第5・6学年の外国語科では，第3・4学年の外国語活動で取り扱った語を含む600～700語程度の語を指導する。ここには挨拶表現（Good morning.など）や身近な物事や自分の考えを述べる際の最も基礎的な言い回し（*I want...*など）に必要な語が含まれており，その多くは中学校の教科書にも繰り返し登場する高頻度語（high-frequency words）である。

　Goodやmorning，Iやwantといった語は，教師にとっては容易に使いこなせる語だが，英語を初めて学ぶ児童にとってはそうではない。例えば，「wantという語を音声で理解できるがまだ自力では使えない」という途中段階が存在する。語彙知識には受容的（receptive）および発表的（productive）な側面があり，受容語彙と発表語彙の間には図3-21-1に示すような包含関係があると考えられる。英語の音声によるコミュニケーションを学び始める小学校段階では，まずは聞いて分かる受容語彙の発達を促すことが最優先であり，その中で使える段階まで指導したい語を選んでいくことが必要である。

	受容語彙	発表語彙
音声	聞いて分かる語	話して使える語
文字	読んで分かる語	書いて使える語

図3-21-1　受容語彙と発表語彙の関係

（筆者作成）

2．場面設定を大切にしよう

　児童の語彙習得は，学びが音声主体である点や内容理解の曖昧さが苦になりにくい点などが大人とは異なる。歌やゲーム，あるいは児童が興味をもつ

ストーリーなど，楽しみながら参加できる活動や教材が用いられている限り，たとえ新出語の正しい和訳が分からなくても動機づけを失うことはない。このような特性を踏まえると，語の綴りを何度も書いたり訳語を何度も唱えたりするような機械的な学び方は児童に適しているとは考えづらい。場面設定を大切にし，時にはイラストやジェスチャーを交えながら語形（発音や綴り）と意味を結び付けるような指導方法を考えるべきである。

3. 自然な繰り返しを図ろう

同じ英語絵本を繰り返し読み聞かせるなど，教材を何度も再利用することも児童に対しては効果的である。指導の際は，最初から正確さを重視するのではなく，図3-21-2の下段に示すように自然な繰り返しの中で語へのなじみを持たせ，無理なく受容語彙を発表語彙へと変容させることが望ましい。

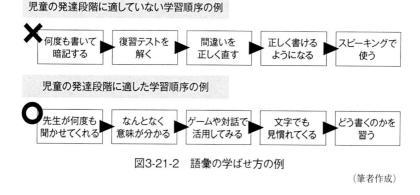

図3-21-2　語彙の学ばせ方の例

（筆者作成）

なお，指導上の具体的な留意点については本書の第6章を参照のこと。

参考文献

文部科学省（2017）．『小学校学習指導要領（平成29年告示）解説　外国語活動・外国語編』東京：開隆堂出版．

Webb, S., & Nation, P.（2017）．*How vocabulary is learned.* Oxford: Oxford University Press.

（長谷川佑介）

Q 22　文構造に気付くための指導とは？

1．小学校での文法指導

　2017年改訂小学校学習指導要領では外国語科の目標として，（1）「知識及び技能」の中で文構造についての知識が取り上げられており，（2）「思考力，判断力，表現力等」の中でも，英語の語順への気付きや活用力に触れられている。英語の語順が日本語とは違うことを理解するなど文構造への気付き，つまり英文法に関する知識が大切とされているのである。

　ただし，小学校の外国語科・外国語活動では，明らかな文法指導で文法規則を教え込むことはしない。児童が小学校の学習で得た感覚的な知識が，中学校英語科での文法学習につながるよう，文構造への意識付けとなり，日本語とは異なる語順の大切さに気付けるような体験的な指導を心がけたい。

2．活動

（1）絵カード・単語カードへの工夫
　絵カードや掲示用の単語カードを作成する際に，品詞あるいは語のグループごとに台紙の色を変えるなどして視覚的なヒントをあらかじめ入れておくとよい。文を作ったり語を入れ替えたりする活動の際に正しく語を選択するヒントになり，品詞の概念を意識させることにつながる。

（2）チャンツや歌
　たくさん聞いたり言ったりすることでまずは音声面から慣れさせる。学習させたい特定の文法項目にしぼったチャンツを使うと，特にその表現に繰り返し触れられるだろう。文部科学省の教材 *Let's Try!*, *We Can!* ではその単元で学習する文法項目に特化したチャンツがある。また，各出版社から発売されているデジタル教材やYouTubeなどウェブ上に公開されているものからも探すことができる。

（3）絵と文を比べるクイズ（*Hi, friends! Plus*）

　文部科学省の教材 *Hi, friends! Plus*（ウェブ上で閲覧・ダウンロード可能，ワークシートもあり）では，「○○が△△を追いかけている」，「○○が△△を引っ張っている」絵がある。この絵に合っている英文と，主語と目的語が反対になっている英文を聞かせ，合っているものはどれかを考えさせるクイズが設定されている。児童が注意深く英文を聞いたり，児童自身が絵に合った英文を発話したりすることで，語の順番に意識を向けることができるだろう。

（4）おもしろ文作り

　外国語活動・外国語科の授業では絵カードを多用するのが常である。それまでに学習したすべての絵カードを使って，語彙を復習させながらオリジナルの文を作る活動で語の順番を意識させる。

　助詞を使う日本語と異なり，英語では正しい語順でないと文が作れない。文のどの場所（主語・動詞・目的語）にどんな語を使い，また入れ替え可能な語はどれなのかを考えさせることで，品詞の感覚を高めることができる。個人やグループで文が作れた数を競わせる，語を少しずつ変えてリレー形式にしてつなげるなど，クラスの実態に応じて活動が盛り上がる形を考えたい。この時，語順を理解できない児童や，正しく文を作れない児童が多い場合は，日本語との違いを示してもよいであろう。また，名詞と動詞のカードの色を変えると，入れ替え可能な語のグループが視覚的にもはっきり理解できる。

　ただし指導者は，動詞を活用させずに文を使えるよう主語に 3 人称単数のものを入れないようにするか，動詞を現在進行形か過去形にするなどして，語を入れ替えた際の英文としての正確性にも留意したい。

参考文献

文部科学省（2017）.『小学校学習指導要領（平成 29 年告示）解説　外国語活動・外国語編』東京：開隆堂出版.

板垣信哉・鈴木渉（2015）.「小学校外国語活動と中学校の接続—言語知識と記憶理論の観点から—」『小学校英語教育学会誌』第 15 号，68-82.

（鈴木はる代）

Q 23　小学校で用いることができる指導法とは？

1．小学校外国語で用いることのできる指導法

　外国語に関する指導法は現在までにいくつか提案されており，教師が指導法を学ぶことによって，日々の授業を体系的にすることができたり，授業改善に役立ったりする。しかし，それぞれの指導法の背景にある言語習得論に絶対的なものが存在しないことから，絶対的に良い指導法というものは存在しないと言える。また，それぞれの指導法には長所・短所が存在する。したがって，学校や児童の状況に合わせ，指導法を選択したり，組み合わせたりすることが望ましい。ここでは，様々な指導法の中から，小学校で用いることができる指導法をいくつか提示する。

2．ナチュラル・アプローチ

　ナチュラル・アプローチ（The Natural Approach，以下NA）は幼児が母語を習得するように，学習者も外国語を習得していくことを目指す指導法である。初めはTracy TerrelによってNAが提唱され，その後，インプット仮説や情意フィルター理論などによって，Stephen Krashenが理論的裏付けを行なった。NAの考え方の基本は，親が子どもにわかりやすい言葉で話しかけるように，教師からのインプットも児童にとって理解可能なものでなければならないというものである。したがって，教師は児童が興味を持つような内容をゆっくりとわかりやすい英語で話す必要がある。また，インプットを与える際は，児童がインプットを処理しやすくするため，不安や恥ずかしさなどの児童の情意フィルターを下げるような雰囲気づくりをするといった工夫も必要である。

　このNAに基づく教授法として，James Asherが提唱した全身反応教授法（Total Physical Response: TPR）が挙げられる。TPRでは，教師が口頭で指示を与え，児童はその指示に従って行動することで目標言語を習得していく。

例えば，教師が "Put your finger on your nose." という指示を与えた場合，児童は自分の指を鼻の上に当てなければならない。初めは，教師自身で指示と行動を行い，見本を提示し，その後，児童は教師の見本を見て行動する。この指導法は教師の指示通りに行動すればよいため，自身で英語を発話することのできない入門期の児童に適している。さらに，児童は英語を理解し行動することで，達成感を感じ，自尊心を得ることができる。また，教師が見本を示すことができるので，多少難しい英語も習得できる可能性がある。しかし，単純な指示が続くと，児童が退屈してしまったり，指示を聞かずに教師の行動を真似るだけになってしまったりする場合もあるため，あえて同じ指示を繰り返したり，一風変わった指示を与えたり，新しい文法事項を導入したりすることで，活動のバリエーションを増やしていく必要がある。また，個人に対する指示だけであれば，児童が間違いに対して過剰に不安を覚えたり，自尊心を喪失したりしてしまう可能性があるため，ペアやグループで達成できる指示を与えることも可能である。

3. コミュニカティブ・アプローチ

コミュニカティブ・アプローチ（The Communicative Approach，以下 CA）はコミュニケーション能力の育成を中心とする指導法である。ここでのコミュニケーション能力には，時間に合わせた挨拶をしたり，会話の前後の文脈を考えたり，自身の発話が伝わらなかった場合に言い換えたりするような能力が含まれる。CA では主にペアワークやグループワークが用いられ，ロールプレイ，インフォメーション・ギャップ活動を行うことが多い。インフォメーション・ギャップ活動とは，ペア（もしくはグループ）間で所有している情報に差があり，やりとりを通して，その情報の差を埋めていく活動である。例えば，旅行会社役と客役を決めて旅行会社のプランや客の予算や行きたい場所などの情報をやりとりする活動や，店員役と客役を決めて客役の欲しい食材や商品の在庫，価格などの情報をやりとりする活動がある。

CA に基づく教授法として，タスク中心教授法（Task-Based Language Teaching，以下 TBLT）が挙げられる。TBLT は，タスクを達成するためのや

りとりを通して学習者の英語習得を促す教授法である。このタスクでは，「過去形の使い方を覚えよう」といった言語形式に関する目的ではなく，「旅行先を決定しよう」などのタスクの達成に関する目的が設定され，この目的を達成するために学習者同士がやりとりを行う。実生活に即し，児童のニーズに合わせた言語使用場面を設定できるため，児童のモチベーションを高めたり，実際の旅行でのコミュニケーションを想定した活動に取り組ませたりすることができる。さらに，相手の反応を見て，自身の発話を言い直したり，相手の発話を聞き返したり，場合によっては，ジェスチャーを加えたりする能力を養うことができる。しかし，タスクを達成するためのコミュニケーションに集中してしまうあまりに，文法がでたらめだったり，児童同士の活動であれば，母語を多く含んだ発話をしてしまったりする可能性がある。そのため，CAを行う前に，別の指導法を用いて，児童が自発的に発話できるように指導していく必要がある。また，タスクを達成することができない児童に対してヒントを与えるなどの配慮が必要となってくるだろう。

4．フォーカス・オン・フォーム

フォーカス・オン・フォーム（Focus on Form，以下FonF）は児童と教師の間で意味を伝えるやりとり（意味の伝達）をしつつ，その過程で形式に関する指導も同時に行い，言語形式・意味内容・言語機能を結びつける指導法である。先に紹介したNAやCAは意味を重視しているが，FonFは言語形式・意味内容・言語機能の三者を育成することを目指している。

FonFは現在の中学校でよく使用されている教授法である。FonFでは，意味伝達を中心としたタスクを行う前に，そのタスクで使用する文法事項や語彙を教師が導入し，繰り返し練習したり，タスクのモデル会話をデモンストレーションしたりする。三人称単数現在形の-(e) sだったり，過去形の-edは小さな語形変化であり，実際の発話では学習者にとって聞こえにくい場合もあるため，語形変化に気づかない場合も多い。小さな語形変化の場合に，明示的に導入・練習をすることで，学習者の文法事項に対する注意を高めることを心がける必要がある。また，タスクを一度行ったあとに，もう一度イン

プットを行い，タスクを繰り返すことによって，学習者の注意を形式に向かせることができる。

　しかし，小学校英語では，明示的な文法指導を行うよりは，実際のコミュニケーションの中でインプットやアウトプットを繰り返し行うことで，文法事項に触れることが推奨されている。よって，明示的な文法指導に固執せず，タスクの前後にインプットやフィードバックの機会を設けるなど児童が形式に注意を払うための工夫が必要である。

　例えば，インプット中の形式への注意を促す方法として，「インプット洪水」や「インプット強化」が挙げられる。前者は，英文を提示・発話する際に，教師が学習対象である言語形式を繰り返し使う方法である。また後者は，学習対象である言語形式を強調して発話したり，板書の際に色を変えたりして目立たせる方法である。留意することとして，インプット強化の際，普段の会話で強調されることのない言語形式である-(e)sや-edを強調して発話する場合には，不自然な強調を伴うイントネーションを児童がそのまま覚えてしまわないようにする必要がある。どちらの方法も実際のコミュニケーション中のインプットにおいて，児童の言語形式への「気づき」を促す方法であり，組み合わせて使用することも可能である。

5．小学校で用いることができる指導法に関するまとめ

　以上のように，意味中心のNAやCA，意味・形式・機能に焦点を当てたFonFなど目的に合わせてさまざまな指導法が提案されている。それぞれ背景にある言語習得論は異なるが，共通している部分も多い。教師は，何か一つの指導法に固執するのではなく，児童の学習状況や授業の単元に合わせて指導法を選んだり，組み合わせたりしていく必要がある。

参考文献

高木修一（2018）．「第3章初等外国語教育にかかわる外国語教授法」．吉田武男（監修）・卯城祐司（編著）『初等外国語教育』（pp. 25-36）京都：ミネルヴァ書房．

　　　　　　　　　　　　　　　　　　　　　　　　（佐々木大和）

Q24　誤りの修正方法とは？

1．児童の誤りに対するフィードバック

　英語を学習する上で誤りは付きものである。児童の発話に誤りが含まれている場合に教師が修正するために与えるフィードバックを修正フィードバック（corrective feedback）という。この修正フィードバックには，教師が修正した答えを与える場合と児童自身による修正を促す場合がある。また，それぞれの場合において，児童の誤りを直接的に指摘したり訂正したりする明示的フィードバックと，間接的に示し児童自身に気づかせる暗示的フィードバックが存在する。状況に応じて，フィードバックの方法を変えたり，組み合わせたりする必要がある。

2．教師が修正した答えを与える指導法

（1）明示的修正

　児童の誤りを直接的に指摘し，修正を提示する。正解が提示されることで，その場で児童自身が正しい形式を学習できる。しかし，この修正はやりとりを阻害してしまうため，活動中ではなく活動後に全体向けに与えるのが良い。

　教師：How many pens do you have?

　児童：I have two pen.［pen に複数形の s を付け忘れている］

　教師：2つ以上のものを言うときには pen に -s をつけます。I have two pens.

（2）リキャスト

　児童の誤りの全てもしくは一部を正しい文に修正して言い返す。リキャストは会話を中断することなく，児童の誤りを修正することができる。一方，児童自身が誤りを修正されていると気づかない場合もある。

　教師：What did you do yesterday?

　児童：I goed to the park with my father.［go の過去形を goed にしている］

教師：Oh, you went to the park with your father yesterday.

3. 児童自身による修正を促す指導法

（1）メタ言語的フィードバック

直接的に正解は与えず，児童の誤りに対するヒントを与える。例えば，「どこか間違っているところがあるよ」という漠然としたコメントから，「過去のことを言うときには何て言うんだっけ」と具体的なヒントを与える場合もある。

教師：What did you do yesterday?

児童：I play basketball yesterday.［play に過去形の ed を付け忘れている］

教師：昨日のことを言うときには play じゃなくて？

児童：played?

（2）引き出し・繰り返し

児童の誤りの直前で発話を止めたり，児童の誤りをそのまま繰り返す。児童自身に誤りへの注意を促すことができるが，児童自身が誤りの存在に気づかなかったり，自身で修正できなかったりする場合がある。

児童：What you like?［you like を疑問文の語順にしていない］

教師：What...

（3）明確化要求

"Sorry?" や "What do you mean?" などの聞き返しを使用し，児童の発話が伝わっていないことや誤っていることを間接的に伝える。児童が実際に自身の発話が聞こえていないと勘違いしてしまう場合もあるため，伝わらなかった場合は他のフィードバックと組み合わせていく必要がある。

以上が児童の誤りに対する教師のフィードバックの方法である。先にも述べたように，児童の学習状況や反応に合わせて，教師がフィードバックの方法を選択していく必要がある。

参考文献

Lightbown, P. M., & Spada, N.（2013）. *How languages are learned* (4th ed.).
Oxford: Oxford University Press.

（佐々木大和）

第4章　小学校外国語教育の評価法

Q 25 正しい評価のために知っておくべき基本理念は？

1．評価の妥当性を高めよう

　評価とは必ずしも児童の実態をそのまま切り取るものではなく，図4-25-1に示すような様々な過程を経て行われるものである。児童の実態をきちんと見取ることができているか，採点は適切に行われているか，評価が児童に望ましい影響を与えるかといった点について，慎重に検討しておきたい。

図4-25-1　評価に関わる過程のイメージ

（筆者作成）

　教師がテストを自作する場合には，教育目標に合致したテストとなるよう留意する必要がある。一般に，測定したいものを正しく測定できているテストは，妥当性（validity）が高いテストである。例えば，いくつかの英単語を聞いて分かる状態にすることが授業のねらいなら，英単語の読み上げを聞いてその意味を選択肢から選ぶテストなどを採用するべきであろう。もし英単語の綴りを正しく書かせるようなテストをしてしまったら，指導と評価の間にはずれが生じてしまう。指導と評価の一体化を図るためには，目標達成に至るまでの途中段階を見据えて指導計画を立てるという，いわゆるバックワード・デザインの考え方が求められる。評価の妥当性を高めるためには，日ごろから複数の教師で情報を共有しておくことも大切であろう。

2．評価の信頼性を高めよう

　評価にはペーパーテストの得点だけでなく，論述やレポートの作成，発表，作品発表といったパフォーマンス評価も利用できる。さらに，このよう

な明示的（explicit）な評価だけでなく，グループ活動や学習のふり返りなどを観察することによる暗示的（implicit）な評価の機会も大切にしたい。その際，例えば「同じ児童がもう一度同じテストを受けても同じくらいの得点になるか」とか「同じグループ活動を他の教員が観察しても自分と同じくらいの評価をつけるか」という視点を持っておくとよい。一般に，何度繰り返しても同じような測定結果が期待できるようなテストは，信頼性（reliability）の高いテストである。ペーパーテストに限らず，測定の誤差が小さくなるような安定した評価の在り方を目指したい。

　なお，採点や評価のプロセスを複雑化しすぎると，かえって安定した評価を継続するのが困難になることもある。パフォーマンス評価においても，その基準となるルーブリック（**Q 29**を参照）が複雑だったり，一度にたくさんの観点を盛り込みすぎたりすると，評価の精度が低下するだけでなく教員間で評価方法を共有することも困難になる。実用性（practicality）を考慮しながら，継続しやすい評価方法を作り上げていくことが大切である。

　日ごろから積極的に教員間の情報交換を行い，評価の過程に関する透明性を高めておくことで，例えば保護者から成績に関する問い合わせがあった場合にも自信をもって説明を行うことができるのではないだろうか。

参考文献

Bachman, L., & Palmer, A.（2010）. *Language assessment in practice*. Oxford: Oxford University Press.

水本篤（2014）.「第2章　測定の妥当性と信頼性　よいデータの必須条件とは」竹内理・水本篤（編著）『外国語教育研究ハンドブック　研究手法のより良い理解のために【改訂版】』（pp. 17-31）東京：松柏社.

文部科学省（2017）.『小学校外国語活動・外国語研修ガイドブック』入手先 http://www.mext.go.jp/a_menu/kokusai/gaikokugo/1387503.htm 2017年7月10日閲覧.

（長谷川佑介）

Q 26　外国語活動と外国語科の評価とは？

1．外国語活動／外国語科における評価

（1）外国語活動と外国語科の評価の共通点

　まず，中学年の外国語活動でも，高学年の外国語科でも，2017年改訂小学校学習指導要領に示された目標に即して「観点別学習状況の評価」が行われることに変わりはない。評価の3観点等，観点別評価の詳細についてはQ27を参照されたい。

　さらに，外国語活動では，言語「英語」の目標として「聞くこと」「話すこと［やり取り］」「話すこと［発表］」の3つの領域が，外国語科ではそれに「読むこと」「書くこと」を加えた5つの領域がある。これらを「内容のまとまり」として，それぞれのまとまりごとに3つの観点別の評価規準を作成することは外国語活動と外国語科で共通の作業である。1つの単元で全てのまとまりを扱うのではなく，その単元に特に関連するまとまりを特定したうえで単元評価規準が作成されるが，「主体的に学習に取り組む態度」についてはその性質上，短期的に育成されるものではないため，複数の単元にわたって評価が行われることもある。

　2017年の学習指導要領の改訂を受けて中央教育審議会が示した「児童生徒の学習評価の在り方について（報告）」では，学習評価の改善の基本的な方向性として，児童生徒の学習改善と教師の指導改善につながるものにしていくことに加え，「これまで慣行として行われてきたことでも，必要性・妥当性が認められないものは見直していくこと」が述べられている。これを受け，外国語活動及び外国語科においても，全ての授業において何らかの評価は行うものの，観点別の学習状況については「記録に残す評価」を行う場面を精選することとした。一方で，学習状況を記録に残さない活動や時間においても，教師が児童の学習状況を把握し，指導や学習改善へと役立てることとしている。

（2）外国語活動と外国語科の評価の相違点

　上記の通り，観点別に児童の学習状況について分析的評価を行うことは外国語活動でも外国語科でも変わりはないが，学習状況を総括的に捉える「評定」については異なる。教科としての外国語科では他教科と同様に児童の学習状況について「十分満足できる」「おおむね満足できる」「努力を要する」状況と判断されるものを，それぞれ3，2，1とする数値による評価が行われる。一方，外国語活動ではそのような数値による評価は馴染まないとされ，文章記述による評価が行われる。

　また，次節で述べるような行動観察やふり返りシートを活用した評価は外国語活動と外国語科の両方で行われるものの，外国語科ではそれらに加えてパフォーマンス評価やペーパーテスト（詳細はQ28，29を参照）といった評価法を用いることもある。

2．外国語活動の評価

　先に述べたように，外国語活動では評価の観点に即して文章による評価を行い，児童の学習状況に顕著な事項がある場合などにその特徴を記述することになる。外国語活動で主に行われる評価方法としては，教師による児童の行動観察と，児童自身による学びのふり返りが挙げられる。

　行動観察では，課題やコミュニケーション活動に取り組む児童の様子から，児童の学習内容の理解度（知識・技能）やコミュニケーションにおける工夫（思考・判断・表現，主体的に学習に取り組む態度）などを見取る。そして，行動観察だけでは見えてこない児童の学びを，授業の最後に行う「ふり返りシート」への記述から評価する。図4-26-1の例に示すように，ふり返りシートでは授業目標に対する自己評価や，授業を通して学んだことの自由記述を行う。観察で見られなかった意欲や態度，気づきをこのシートの記述から把握することもできる（ふり返りシートの詳細はQ30，Q57を参照）。

ふり返りシート

☆今日の活動をふり返って，当てはまるところに○をつけましょう。

1. 大きな声でチャンツを歌おう
としましたか？　　　　　　Good!　　Very Good!　　Excellent!

2. 友達が欲しいものについて，
進んで聞こうとしましたか？　Good!　　Very Good!　　Excellent!

3. 自分が欲しいものについて，
進んで話そうとしましたか？　Good!　　Very Good!　　Excellent!

☆今日の授業で学んだことや気付いたこと，知ったことがあれば書きましょう。

図4-26-1　ふり返りシートの例

（筆者作成）

3．外国語科の評価

　先に述べた通り，外国語科では5つの「内容のまとまり」の記述を3つの観点ごとに整理したうえで，まとまりごとの評価規準を作成する。ここでは，「書くこと」を取り上げて単元評価規準例を示す（表4-26-1）。

　ここでは，単元後半において行われる，ワークシートに自己紹介文を書く

表4-26-1　*We Can!* 2 Unit 1 "This is ME!"「書くこと」の評価規準

	知識・技能	思考・判断・表現	主体的に学習に取り組む態度
書くこと	［知識］自己紹介に関する語句や，I(don't) like... I can/can't... My birthday is... I'm... の表現について理解している。 ［技能］好きなものやこと，できることなど，自己紹介に関することについて，書く技能を身に付けている。	自分のことをよく分かってもらうために，好きなものやできることなど，自己紹介に関することについて，音声で十分に慣れ親しんだ語句や表現を用いて書いている。	自分のことをよく分かってもらうために，好きなものやできることなど，自己紹介に関することについて，音声で十分に慣れ親しんだ語句や表現を用いて書こうとしている。

（国立教育政策研究所教育課程研究センター（2020, p. 66）を参考に筆者作成）

という活動から「書くこと」について児童を評価することを想定する。

　「知識・技能」の観点では，単元で扱う言語材料への理解度や，文字や文を書く技能について評価する。具体的には，各児童のワークシートに書かれた文を見て，自分の好きなものやできること等を表す語句や表現を，文字や単語の間隔に適切なスペースを置きながら，正しく書くことができているかどうかを評価する。

　「思考・判断・表現」では，コミュニケーションの目的や場面，状況に応じて言語活動に取り組んでいるかという点が重要なポイントとなる。ここでは，「自分のことを相手によく分かってもらう」という目的の達成のために，例文を書き写すだけでなく，自分の好きなことやものに置き換えて文を書いたり，相手に伝わりやすい内容になるように文の順番などを入れ替えたりするなど，工夫をしながら書いているかという観点で評価を行う。

　「主体的に学習に取り組む態度」は，「思考・判断・表現」と評価規準がほぼ同じ文言となっているが，最後の「書いている」という部分が「書こうとしている」という表現になっている。ここでは，絵カードに書いてある単語やワードリストにある単語を自分で見つけてワークシートに書いたりするなど，目的に向かって学習する意欲や積極性を見取る。また，「主体的に学習に取り組む態度」は特定の領域や単元で評価をするだけでなく，言語活動に対して見通しを立てたり，振り返ったりして自らの学習を自律的・自覚的に捉えている様子を，複数の領域や単元をまたいで評価することなどが考えられる。

参考文献

国立教育政策研究所教育課程研究センター（2020）.『「指導と評価の一体化」のための学習評価に関する参考資料　小学校外国語・外国語活動』入手先　https://www.nier.go.jp/kaihatsu/pdf/hyouka/r020326_pri_gaikokg.pdf　2020年6月2日閲覧.

（名畑目真吾）

Q 27　観点別評価とは？

1．学習評価を捉える枠組みとしての観点別評価

　観点別評価とは，「観点別学習状況の評価」の略称であり，学習指導要領に示された目標及び内容を踏まえ，各教科等の児童生徒の学習状況を分析的に把握するための評価の枠組みである。学校は，公立，私立等を問わず，「その学校に在学する児童等の指導要録を作成しなければならない」とされている（学校教育法施行規則第24条）。この指導要録は「当該学校に在学し，又はこれを卒業した者の学習及び健康の状況を記録した書類」であり（学校教育法施行令第31条），小学校では児童1人1人について小学校児童指導要録が作成される。各教科等の観点別評価はこの指導要録の中に「指導に関する記録」として，観点ごとに3段階（ABC）で記されることになっている。そして，これらを教科の学習状況として3段階で総括したものが評定である。

　2017年改訂小学校学習指導要領では（2017年改訂中学校学習指導要領及び2018年改訂高等学校学習指導要領と同様），教育課程全体を通して児童に以下の3つの資質・能力を育成することを目指すとしている。

> ア　何を理解しているか，何ができるか（生きて働く「知識・技能」の習得）
> イ　理解していること・できることをどう使うか
> 　　（未知の状況にも対応できる「思考力・判断力・表現力等」の育成）
> ウ　どのように社会・世界と関わり，よりよい人生を送るか
> 　　（学びを人生や社会に生かそうとする「学びに向かう力・人間性等」の涵養）

　これに伴い，指導と評価の一体化を推進するため，観点別評価で用いる評価の観点についても，上記3つの資質・能力に関わる「知識・技能」，「思考・判断・表現」，「主体的に学習に取り組む態度」の3観点に整理されることとなった。なお，「学びに向かう力・人間性」という資質・能力と，「主体的に学習に取り組む態度」という観点の関係について，2016年12月に中央教育審

議会がとりまとめた「幼稚園，小学校，中学校及び特別支援学校の学習指導要領等の改善及び必要な方策等について（答申）」は，「『学びに向かう力・人間性』には①『主体的に学習に取り組む態度』として観点別評価（学習状況を分析的に捉える）を通じて見取ることができる部分と，②観点別評価や評定にはなじまず，こうした評価では示しきれないことから個人内評価（個人のよい点や可能性，進歩の状況について評価する）を通じて見取る部分がある」と述べている。そして，後者については，観点別学習状況の評価の対象外とし，「日々の教育活動や総合所見等を通じて積極的に子どもに伝えることが重要である」としている。

２．小学校外国語科における観点別評価

　小学校外国語科の各観点の趣旨は，2019年３月に文部科学省が発した「小学校，中学校，高等学校及び特別支援学校等における児童生徒の学習評価及び指導要録の改善等について（通知）別紙4」に以下のように示されている。

○「知識・技能」
・外国語の音声や文字，語彙，表現，文構造，言語の働きなどについて，日本語と外国語との違いに気付き，これらの知識を理解している。
・読むこと，書くことに慣れ親しんでいる。
・外国語の音声や文字，語彙，表現，文構造，言語の働きなどの知識を，聞くこと，読むこと，話すこと，書くことによる実際のコミュニケーションにおいて活用できる基礎的な技能を身に付けている。

○「思考・判断・表現」
・コミュニケーションを行う目的や場面，状況に応じて，身近で簡単な事柄について，聞いたり話したりして，自分の考えや気持ちなどを伝え合っている。
・コミュニケーションを行う目的や場面，状況などに応じて，音声で十分慣れ親しんだ外国語の語彙や基本的な表現を推進しながら読んだり，語順を意識しながら書いたりして，自分の考えや気持ちなどを伝え合っている。

○「主体的に学習に取り組む態度」
・外国語の背景にある文化に対する理解を深め，他者に配慮しながら，主体的に外国語を用いてコミュニケーションを図ろうとしている。

「知識・技能」の観点においては，［知識］と［技能］の両面を合わせて評

価する。ここで言う［知識］とは，2017年改訂小学校学習指導要領（第2章第10節外国語）の「2内容〔第5学年及び第6学年〕」の〔知識及び技能〕における「(1) 英語の特徴やきまりに関する事項」についての知識を意味している。つまり，児童がそれらの事項について，日本語と外国語との違いに気付き，理解しているかどうかを［知識］の面で評価する。［技能］の面では，児童に上述の［知識］を何らかの領域・内容のまとまり（「聞くこと」，「読むこと」，「話すこと（やり取り）」，「話すこと（発表)」，「書くこと」）において活用させて評価する。このとき，以下の3点が重要である。まず1点目は，実際のコミュニケーションにおいて［知識］を活用させるという点である。例えば「聞くこと」において，ある単元で「月日の言い方やWhen~? I like/want~. Do you like/want~?」等の表現についての［知識］を用いて，「誕生日や好きなもの，ほしいもの等を聞き取る」という［技能］を指導した場合であれば，同様の言語材料で構成された新規の英文を実際に児童に聞かせて理解を確認することで，児童の［知識］とそれを活用する［技能］を評価することができる。このとき，指導段階で用いた教材をそのまま評価に使用してしまうと，児童は記憶に基づいて回答することができてしまい，「知識・技能」を正しく測定できなくなるので注意が必要である。2点目は，「読むこと」，「書くこと」の［技能］の評価は「慣れ親しみ」の段階の評価を含むという点である。例えば，「読むこと」の指導の初期段階において，児童がアルファベット（AやB）を見て，その名称（/ei/や/bi:/）を発音している様子を観察し，評価する場合等がこれにあたる。なお，学習段階が進めば，「読むこと」，「書くこと」においても実際のコミュニケーションにおいて［知識］を活用させて評価を行うことになる。3点目は，「話すこと（やり取り)」，「話すこと（発表)」の評価には，使用する言語材料が具体的に提示されていない状況で，既習の言語材料を用いて自分の考えや気持ち等を伝え合ったり話したりする技能の評価も含まれるという点である。つまり，「話すこと」の評価は，特定の言語材料を用いて話すことができるかという個別項目的な視点からのみではなく，その時点までに学習した言語材料を上手く組み合わせて話すことができるかという統合的な視点からの評価も行われ

る。

「思考・判断・表現」の観点では，知識及び技能を活用して課題を解決する資質・能力（「思考力，判断力，表現力等」）を児童が身に付けているかどうかを評価する。上掲のとおり，小学校外国語科では「コミュニケーションを行う目的や場面，状況などに応じて，知識及び技能を活用しながら，（中略）自分の考えや気持ちなどを伝え合っている」かどうかを評価することになる。そのため，この観点での評価を行うためには，コミュニケーションの目的や場面，状況が児童に分かるように言語活動を設定することが前提となる。そして，児童が自らコミュニケーション達成のための見通しを立て，知識及び技能を活用している姿を評価する。同時に，評価の際には，児童が自分の知っていることや個人的な経験，他者から聞き取ったり，掲示やポスター等から読み取ったりした情報等を整理しながら考え等を形成する過程にも着目する。なお，この「考え等の形成過程」を見取るためには，児童が考え等を形成する必要性を自然と感じるようにコミュニケーションの目的や場面，状況を予め工夫しておくことが教員には求められる。また，事前に適切な指導（指示ではなく）を行うことが大切であることは言うまでもない。

「主体的に学習に取り組む態度」の観点については，他の2つの観点に関わって評価する。つまり，児童が学習に関する自己調整を行いつつ（自ら学習の目標を持ち，進め方を見直しながら学習を進め，その過程を評価して新たな学習につなげる），粘り強く「知識・技能」を獲得しようとしたり，「思考・判断・表現」しようとしたりしているかを評価する。挙手の回数やノート・ふり返りシートへの特定の記述の有無等に基づいて，他の観点から切り離して評価を行うことは適切ではないということに注意したい。

なお，各単元において，3観点を5つの領域すべてについて指導・評価することが求められているわけではない。内容や言語材料等に鑑み，その単元での指導に適した領域を絞り込みながら3観点を踏まえて指導目標を定めることになる。年間を通じて，学習指導要領に示された領域ごとの目標を過不足なく指導・評価することができるよう計画を立てることが肝要である。

（猫田英伸）

Q 28　小学校外国語科でのテストとは？

1．筆記テストで測れるもの，測れないもの

　「テスト」という言葉を聞いて多くの人が最初に思い浮かべるのは，紙に印刷された問題に対して書いて解答する形式の筆記テスト（リスニングテスト含む）であろう。小学校外国語科においても，2017年改訂小学校学習指導要領に示された目標と観点別評価の3観点を踏まえて慎重に問題を作成する限りにおいて，評価のための1つのツールとして筆記テストを活用することは可能である。しかし，以下の3点には十分に留意する必要がある。

　第一に，筆記テストでは「話すこと（やり取り）」，「話すこと（発表）」の領域の評価を行うことはできない。これらの領域の評価では，十分な指導を行った後，授業の中で児童に実際に「やり取り」あるいは「発表」をさせてその様子を観察して評価したり，パフォーマンス評価の機会を別途設けて評価を行ったりすることになる。

　第二に，「聞くこと」，「読むこと」，「書くこと」の領域について筆記テストを用いて評価を行う際には，指導目標に基づいて授業の中で指導したことに沿って問題を作成しなくてはならない。例えば，January, February などの月の名称について，授業の中では音声による指導しか行っていないにもかかわらず，テストで突然「（各月の英語名称の見本を見ながら）自分の誕生月の名称を書き写す問題」を出題することは不適切である。つまり，単に児童がそれまでに触れたことがある（広い意味で既習の）言語材料で問題が構成されているというだけでは学習到達度を見取るためのテスト問題としては不十分なのである。また，特に「思考・判断・表現」の観点の評価を筆記テストで行う場合には，児童が授業中に取り組んだ「言語活動」を踏まえた問題となるよう，言語運用場面の設定を工夫する必要がある。指導目標，評価規準に基づく一連の授業の一部としての筆記テストという意識が何よりも大切である。

　第三に，「聞くこと」，「読むこと」，「書くこと」の領域を筆記テストのみによって評価することは適切ではない。2016年12月の中教審「幼稚園，小学校，中学校，高等学校及び特別支援学校の学習指導要領等の改善及び必要な方策等について（答申）」には，「資質・能力を育成するための学びの過程を通じて，（中略）多様な評価方法から，その場面における児童の学習状況を的確に評価できる方法を選択して評価することが重要である」と述べられている。例えば「聞くこと」であれば，指導と練習を一定程度行った段階で，授業の一場面として，既習の言語材料で構成された新規の英文を児童に聞かせて個人でワークシートに取り組ませ，その出来栄えを見取ること等が考えられる。これにより，その単元の目標である「聞き方」を児童がその時点でどの程度身に付けているのかを確認することもできる。また，「書くこと」においてであれば，児童が英語を書いて作成したポスター等の成果物について，教員がコメントとともにきちんと評価してやることも児童の学びの過程に良い影響を与えると考えられる。さらには，「読むこと」，「書くこと」の指導の初期段階においては「慣れ親しみ」の評価を行うことになる。つまり，授業の中で児童がアルファベットを識別してその名称を読み上げたり，大文字，小文字の活字体を書いたりしている行動を観察すること等を通して評価を行うとともに，適宜フィードバックを行うことも教員には求められる。

2．児童の学びを見通した指導計画・評価計画

　指導計画・評価計画を立てるということは，教員が，児童に各時点でどのような姿となっていてほしいのかという願いを具体化する作業に他ならない。筆記テスト，パフォーマンス評価，成果物の評価等いかなる評価を実施する際であっても，教員は自分（たち）が児童に期待している学びの内実を把握し，その学びの成果を示す具体的なアウトプット例（筆記テストの解答例，児童同士の英語の会話例，完成したポスター例等）を明確にイメージしておくようにしたい。教員が計画した評価とそこに向けた指導がそのまま児童にとっての学びのめあてと過程になることを忘れてはならない。

（猫田英伸）

Q 29　パフォーマンス評価に必要なこととは？

1．パフォーマンス評価とは

　パフォーマンス評価とは，タスク（課題）やコミュニケーション活動に対するパフォーマンスを通して，学習者の特定の能力を評価するものである。広義には教材に含まれる問いや課題への解答や反応も含むと考えることができるが，狭義には実生活で行うような真正性（authenticity）の高いコミュニケーションやタスクへの取り組みが必須であるとされる。

　パフォーマンス評価は，その実施に時間と労力を要する。そのため毎授業で行うのは難しく，総括的な評価として学期末などに行うのが現実的である。

2．パフォーマンス評価はなぜ必要か

　評価の3観点の「知識・技能」の「技能」では，特定の言語材料を特定の場面で活用する技能を評価することになり，このような能力・状況の評価にはパフォーマンスを通した評価方法が必要である。また，「思考・判断・表現」においても，取り組む活動や課題の目的や場面，状況を明確にすることで，パフォーマンス評価は有効な方法となる。

　また，特に「話すこと［発表］」と「話すこと［やり取り］」において，パフォーマンス評価は効果的である。具体的には，単元を通して作成したポスターを使った発表や，自分の好き嫌いや将来の夢についてやり取りをする活動において，そのパフォーマンスを評価することなどが考えられる。

3．パフォーマンス評価には何が必要か

　数値による評価が行われる外国語科では，児童のパフォーマンスを分析的・段階的に評価することが重要となる。そのためには，児童のパフォーマンスを段階的に基準化したルーブリックが必要である。たとえば，話すこと

［やり取り］では表4-29-1のようなルーブリックを作成する。なお，「思考・判断・表現」と「主体的に学習に取り組む態度」は一体として評価されることが多いが，明確な態度や姿勢が見られた場合は別々に評価することもある。

表4-29-1　話すこと［やり取り］のルーブリック例

	知識・技能	思考・判断・表現	主体的に学習に取り組む態度
A	誤りのない正しい英文で話すことができる。	自分の考えや気持ちを理由とともに述べたり，相手の考えや気持ちを聞いたり，話題を広げたりしながら，対話を継続している。	自分の考えや気持ちを理由とともに述べたり，相手の考えや気持ちを聞いたり，話題を広げたりしながら，対話を継続しようとしている。
B	一部誤りがあるが，コミュニケーションに支障がない程度の英文で話すことができる。	Aの条件を部分的に満たし，対話を継続している。	Aの条件を部分的に満たし，対話を継続している。
C	Bを満たしていない	Bを満たしていない	Bを満たしていない

（国立教育政策研究所教育課程研究センター（2020, p,53）を参考に筆者作成）

　その他，パフォーマンス評価は複数教員による実施が望ましい。パフォーマンス評価は児童を個別あるいはグループに分けて実施することが多かったり，実施の効率性を高めるためである。ただし，複数教員で実施する際は，ルーブリックの共有や議論により，評価の信頼性を保つことが必要である。

　また，パフォーマンス評価の前には言語材料の理解や定着，パフォーマンスの内容に目を向けさせるような指導，事後には自身のパフォーマンスを振り返り，成果や課題を明らかにさせるような指導が必要となる。

参考文献

国立教育政策研究所教育課程研究センター（2020）．『「指導と評価の一体化」のための学習評価に関する参考資料　中学校外国語』入手先 https://www.nier.go.jp/kaihatsu/pdf/hyouka/r020326_mid_gaikokg.pdf 2020年5月2日閲覧.

（名畑目真吾）

Q 30　ふり返りシートの活用方法とは？

1．ふり返りシートとは

　ふり返りシートは，小学校の授業実践で広く使用されている教育評価の1つである。一定期間の学習や生活について，自分の学習行動を客観的もしくは他者的な視点から省察させることにより，児童たちが主体的に学習するよう促し，自ら工夫して学習を進められるように導くツールである。主に小学校の教育現場で使用されることが多いが，学習指導要領の改訂により，育成すべき資質・能力の3つの柱（以下，資質・能力）の1つとして「学びに向かう力・人間性等」が掲げられたことを考えると，今後の中学校以降の外国語教育においても「ふり返りシート」やそれに準ずる学習ツールを用いて「学びに向かう力」を育成・評価する必要性がより高まるであろう。

（1）「なぜ」ふり返るのか

　「ふり返りシート」の教育上の意義はなにか？　2017年改訂小学校学習指導要領に沿って，その意義を確認しておきたい。学習指導要領が掲げる資質・能力「知識及び技能」「思考力・判断力・表現力等」「学びに向かう力・人間性等」は，別個に指導・評価されるべきものではなく，互いに深い関連性を持つものであり，特に「学びに向かう力・人間性等」の一部である「主体的に学習に取り組む態度（以下，主体的態度）」は，学習者としての学び方を学ぶこと（Learning to learn）」を含む「メタ学習」であり，他の能力と切り離すことができない（Fadelほか，2015）。

　「知識及び技能」と「思考力・判断力・表現力等」も分かち難い関係にあり，「知識」，「技能」，「思考判断表現」を別個に順を追って学ぶのではなく，知識・技能は思考・判断・表現のために「生きて働く」ものであり，目的や場面・状況のある言語活動（思考判断表現）の経験を通して学ぶよう位置づけられている。

　これらのことを踏まえると，「ふり返りシート」は，児童たちの「知識及

び技能」「思考力・判断力・表現力」を育む学習活動について，主体的に臨ませるための指導と評価のツールであると考えられる。「言語活動にいかに粘り強く自己調整しながら取り組んでいるか」を把握することが主体的態度の評価であり，それが「ふり返りシート」の教育上の意義である。

（2）「なにを」「いつ」ふり返るのか

　ふり返りシートで「なにを」「いつ」省察させるかによって，シートの様式，使用頻度，その評価方法は異なる。学習指導要領解説や国立教育政策研究所（2020）の提案を踏まえると，おおよそ以下のような「なにを」が考えられる。

　①学習目標：自ら学習目標を立て，それが達成できたか
　②目標到達の見通し・計画：学習計画を立て，それらが達成できたか
　③言語活動の自己評価：言語活動でできたこと・できなかったこと
　④言語活動の改善点や方法：どうすれば改善するか

　これらの項目をさらにまとめると，①②は「目標・計画に沿って学習できたか」，③④は「言語活動の成果と課題を見出せたか」となる。これらを確認できる「ふり返りシート」になっているか，さらに授業単元もこれらを確認できる構成になっているかを考えることが「いつ」評価するかに繋がる。

　外国語科でのふり返りシートの活用方法について，国立教育政策研究所の提案では，単元構成案とともに，評価時期を示している。その中で，ふり返り評価は「目標・計画に沿って学習できたか」を毎回の授業の終末で確認しつつ，単元目標となる言語活動の後に学習のまとめ（成果と課題）を実施するように提案されている（行動観察による評価の裏づけとして活用される）。まとめると「目標・計画に沿って学習できたか」を各授業の終末，「言語活動の成果と課題を見出せたか」を単元目標となる言語活動の後のタイミングで実施することが「なにを」「いつ」ふり返るのかに対する答えだろう。

（3）「どのように」ふり返るのか

　「どのように」ふり返るかについては，当然「ふり返りシートの記入」な

のだが，その意義や留意点を踏まえる必要がある。国立教育政策研究所の提案では，「主体的態度」を評価する際に，「児童の挙手の回数など，形式的な側面で評価をするのではなく，学習過程において自己調整を行っている側面を捉えて評価をすることが大切である。」と述べられている。評価の場面についても，知識・技能や思考・判断・表現の評価場面と同時とし，主体的に学習に取り組む態度のみを取り出して評価しないとされている。これは，主体的態度は，知識・技能，思考・判断・表現の評価場面・方法と同じという意味であり「主体的態度」の評価規準は，「思考力・判断力・表現力」の規準と同じであるため，思考・判断・表現の活動が達成されれば，主体的に学習に取り組んでいると評価されることになる。つまり，「ふり返りシート」は3観点の評定に直接的に用いられる必要はなく，行動観察等の他の評価手段を補完する役割に留められるものと考えられる。

　この国立教育政策研究所の提案が意味するところは大きい。「ふり返りシート」の役割は限定され，評価だけの観点で言えば，必ずしもふり返りシート等の評価を実施しなくてもよいことになる。しかし，児童たちの主体性や自律性を促す指導の観点から考えると，「ふり返りシート」は有意義であるし，言語活動経験を通した学び方を採用する小学校外国語科では，経験を省察することは学習上不可欠な要素であり，ぜひ実施したいものである。

　「どのように」実施するかの問いには，「評定に必要ないなら実施しない」ではなく，「主観的なふり返りを評定に算入する難しさを（当面は）回避し，指導のツールとしてのふり返りシートの質を高めよう！」でありたい。

2．ふり返りをどう活用するのか

（1）指導ツールとしてのふり返りカード

　「ふり返り」は，言語活動を経験しながら言語を学ぶ際には不可欠である。例えば，プレゼンテーションなどの言語活動を，一度でなく繰り返し行う授業設計の場合，一度目のあとフィードバックを与えて「次にトライする課題」を明確にすることができる。事後指導でも，児童の頑張った点とできなかった点を踏まえてアドバイスすることができる。「ふり返りシート」を掲

示する等の方法で，他の児童の省察内容を知ることで「自己調整」や「粘り強さ」について学ばせることもできる。いずれの場合にも，「なに」をふり返るのかで議論した2点（目標・計画と成果・課題）についての記述を引き出す問いを設定することが不可欠であろう（作成例についてはQ57を参照）。

（2）評価ツールとしてのふり返りシート

　前述のように「知識・技能」と「思考・判断・表現」の評価と同時に評価し「主体的態度」のみを取り出して評価は行わないため，評価ツールとしての「ふり返りシート」は補完的なものに留まるとしたが，思考力判断力表現力の評価が，主体性を直接的に評価していないのは明白であり，「ふり返りシート」を評価に活用する方法を今後も模索すべきであろう。言語活動課題を，緊張のあまり上手くできず，準備や練習が実らなかった児童の「主体的態度」の評価は，実った児童よりも低いのだろうか。ふり返りシートだけで評定を付けるのは難しいが，主体的な学習者の育成は教科の枠をこえて目指す教育目標であることを踏まえ，全教科で方法を模索すべき課題であろう。

参考文献

Fadel, C., Bialik, M. and Trilling, B.（2015）. *Four-dimensional Education: The Competencies Learners Need to Succeed.* Lightening Source Inc.

国立教育政策研究所（2020）.『「指導と評価の一体化」のための学習評価に関する参考資料（小学校　外国語・外国語活動）』入手先 https://www.nier.go.jp/kaihatsu/pdf/hyouka/r020326_pri_gaikokg.pdf　2020年4月30日閲覧.

文部科学省（2017）.『小学校学習指導要領（平成29年度告示）解説　外国語活動・外国語編』東京：開隆堂出版.

松下佳代（2016）.「資質・能力の新たな枠組み―「3・3・1モデル」の提案―」『京都大学高等教育研究』第22号, 139-149.

（今井裕之）

Q 31　小学校外国語科における評価の課題とは？

1．「学習のための評価」を重視する

　小学校高学年における外国語の教科化に伴い，高学年では英語に関する知識や技能がどれだけ定着しているか，端的に言えば児童の英語力を評価することが求められる。評価には，学習者にどの程度の知識や技能があるかの情報を与えるための評価（学習の評価；assessment of learning）と，学習者の得意な点と苦手な点に関する情報を与えることで今後の学習改善に役立てるための評価（学習のための評価；assessment for learning）という2つの考え方がある。両者ともが必要ではあるが，児童は英語を学び始めた段階であること，中学校以降の学習に動機づけを与える役割があることを踏まえると，小学校段階では特に「学習のための評価」を重視する姿勢を大切にしたい。

2．英語力の多面性を認識する

　児童の英語力を評価しようとする際，「英語力」が何を指すのかを改めて考えることが重要である。英語力と聞いてまず思い浮かべるのは，読むこと，聞くこと，話すこと，書くことの4技能であろう。しかし，この4つの技能を個別に考えてみても，例えば聞くことではcatとhatのような小さな音の違いを聞き分ける力と，状況や文脈を踏まえて概要や要点を聞き取って理解する力など異なる側面がある。また，4技能のほかにも，英単語や文法に関する知識，ジェスチャーなどを含めたコミュニ

図4-31-1　英語力の多面性（筆者作成）

ケーションスキルや英語学習への態度（動機づけ）も，英語力に関連した要素として捉えることもできる。小学校外国語の評価においても，児童の英語力のどの側面をどのようにして評価するのか，あるいはどのようにその多様な側面を評価できるのかを考えることが重要である。

3．児童の発達段階を考慮する

児童を対象とした英語力の評価は，小学生という発達段階の特徴に配慮して行う必要がある。以下にその具体的な点を記そう。

（1）話すことの評価に偏らない

英語による「コミュニケーション能力」の育成が小学校から高校までを通じて重視されているが，小学校では特にその傾向が強い。しかし，小学生のような学習初期の段階では，スピーキング力よりもリスニング力のほうがかなり早く発達する。そのため，「英語によるコミュニケーション能力の評価」を「スピーチやインタヴューのようなスピーキングテスト」と短絡的に捉えるのではなく，リスニング力のような受容的なコミュニケーション能力の評価も重視すべきである。

（2）児童にも分かりやすい課題や指示を

児童は認知的にも発達途上の段階である。そのため，評価やテストにおいて児童自身が何をすべきなのか，何が求められているのかについて十分に理解できない場合がある。指導者・評価者は，課題の内容や指示が児童にとって分かりやすくなるように，細心の注意を払う必要がある。

（3）児童を不安にさせないために

児童は自分の英語力が評価される場面に慣れていない。特にインタビューテストのような評価者と対面するような場面では，大きく不安を感じる可能性がある。そのため，評価の前に簡単な練習をする，絵やキャラクターを用いるなど，児童の不安を軽減するための工夫を講じることが重要である。

参考文献

Wolf, M. K., & Butler, Y. G. (2017). *English language proficiency assessments for young learners*. New York, NY: Routledge.

（名畑目真吾）

第5章　学習者理解と小学校外国語の授業

Q 32　児童の動機づけを高める指導とは？

1．やる気を表現する言葉はいっぱい！

　子どもたちをいかにやる気にするかは，教師が日々悩み続けるテーマの1つである。「○○君は意欲がある」，「○組は全体的に学習意欲が高い」，「もっと動機づけを高めたい」，「○○さんはやる気をなくして…」などのセリフをよく耳にするだろう。では，「意欲」，「学習意欲」，「動機づけ」，「やる気」，「興味」は全部同じ意味だろうか？　実はこれらの違いを把握することで，子どもたちのやる気を高める具体的な方向性が見える。遠回りに見えるが，急がば回れということわざがあるように，まずは用語の違いを整理する必要がある。

　まず「やる気」は日常語で，「動機づけ」と「興味」はれっきとした学問の研究分野で専門用語である。厳密には「動機づけ」（motivation）は心理学や教科教育学での一大研究分野で，その中の一部に「興味」（interest）の研究がある。一方，「意欲」は専門用語ではないものの，動機づけとほぼ同じ意味として教育場面で頻繁に使われる。

　では，やる気の核になる意欲と動機づけについて考えてみる。「意欲」とは，何かを成し遂げようとする"意"志と，何かをしたいという"欲"求の複合的な心理状態，あるいはその心理的機能を意味している。重要なのは，意と欲のいずれかが欠けても意欲とは呼べない点である。英語が話せるようになりたいと漠然と思っていても（つまり欲求があっても），それを成し遂げようとする意志を持っていなければ，意欲があるとは言えない。「意欲的な態度」という表現があるように，意欲はポジティブなイメージがあるため，教育の場面では好んで用いられる。一方，動機づけはそのようなポジティブなイメージはなく，ややニュートラルである。そのため，学問領域では「動機づけ」という表現が好まれる。ここでも以降は動機づけという用語を用いる。

２．動機づけを高めるにはまず分析！動機づけを理解する２つの側面

　では，動機づけとは何か？　動機づけは2つの側面から理解する必要がある。1つ目はエネルギーである。エネルギーとは労力と置き換えると分かりやすいだろう。例えば，英単語を覚えるのにどれだけの労力を使うか例を見てみよう。A君は単語テストの直前の休み時間にひたすら詰め込むタイプで，学習時間は10分程度である。一方のBさんは前日に夕食後に30分の時間をとって単語を覚え，登校前にもう一度10分程度の復習をする。では，どちらの子どもの動機づけが高いかといえば，当然Bさんだろう。この場合は，2人の単語学習に注がれるエネルギー量から2人の動機づけの高さを判定している。

　動機づけのもう1つの側面は，方向性である。つまり先ほどのエネルギーをどの方向に向けているかである。もう一度先ほどの例に戻って考えてみる。直前にしか学習しないA君は，漠然と英語が話せたらかっこいいという憧れは持っているものの，仲良しのC君と放課後にサッカーをすることで頭がいっぱいである。しかし単語テストの点数が悪いとお母さんに怒られるので，単語テスト直前の休み時間だけの勉強という最小の努力で乗り切ろうとしている。一方のBさんはA君と同じく英語を話すことに憧れがあり，将来は英語を使う仕事をしたいと思い，日々努力をしている。では，どちらの動機づけが高いかといえば，やはりBさんの方の動機づけが高い。ただし今回の判定は，先ほどとは観点が異なることが分かるだろう。つまり，動機づけの方向性で判定がされている。A君の動機づけの方向性は，単語を覚えることではなく，お母さんからの叱責を回避する方向に，そして英語学習とは無関係のサッカーの練習をする時間の確保に向かっている。一方のBさんは単語を学習し，それを習得することに方向が向いている。

　このように，動機づけが高い，あるいは低いといっても，実は2つの意味がある。単純に「児童をやる気にする」，「児童の意欲を高める」と一括りに考えては，なかなか解決策が見つからない。それよりは，まず児童1人ひと

りに着目し，注がれるエネルギー量に問題があるのか，それともエネルギーを注ぐ方向性に問題があるのかをまずは分析し理解する必要がある。クラスには「要領の悪い」という表現で，生真面目で努力家だが成績の伸びない児童がいることがある。そういう児童は，実はエネルギー量ではなく，それを注ぐ方向性（例えば，ノートを几帳面に仕上げることなど）に問題があるのかもしれない。動機づけを2つの側面から考えると，今まで見えなかった解決策が見えてくるだろう。

3．動機づけを高める3つの柱

　では，具体的にどのような方法で動機づけを高められるのだろうか。多様な動機づけ研究の理論があるが，教育場面に応用しやすい優れた理論として自己決定理論がある。自己決定理論（Self-determination Theory）では，動機づけを高める3つの柱を設定している。それは自律性，有能性，関係性という3つの心理欲求を満たすことである。自律性の欲求（the need for autonomy）とは，自分の意志で自己決定したいという欲求である。分かりやすく言い換えれば，子どもの自主性を尊重し，先生があまり締め付けすぎない指導が動機づけを高めるうえで重要ということになる。次に有能性の欲求（the need for competence）とは自らの能力を発揮したいという欲求である。つまり学習成果が子どもの目に見えるようにし，出来たことに対してはしっかりと教師が褒めることが重要である。最後の関係性の欲求（the need for relatedness）とは他者との良好な人間関係を持ちたいという欲求である。これはクラスの雰囲気づくりと関連している。教師と子ども，そして子どもたち同士が良好な人間関係を作り，学び合える雰囲気作りが重要である。大事なポイントは，これら3つの柱のどれが欠けても，動機づけを高める効果はなくなってしまう点である。どんなに先生が褒め上手でも，クラスの仲が悪ければ，その効果は限定的になってしまうことは想像に難くないだろう。

4．発達段階に応じた褒め方

　では具体的に自己決定理論の3つの柱をどのように応用すればいいのだろ

うか。ここでは有能性の欲求に焦点を当てて，適切な褒め方について考えてみよう。ポイントは子どもの発達段階に適した褒め方を取り入れることである。これまでの発達心理学の研究から小学校低学年までの子どもは学業成果の原因を自分の能力よりも努力に結び付けるが，高学年から中学生にかけて成長すると，成果を努力よりも能力に起因させるように変化することが分かっている。この変化に応じて誉め言葉も変える必要がある。つまり，低学年までは子どもの能力よりも努力を褒め，中学年では努力が能力の伸長につながったこと，そして高学年には努力よりも学習成果自体を褒めることが効果的だろう。

　また幼稚園児から小学1年生までの子どもは能力の自己評価が高く，以前に失敗したことでも，次の成功の期待が高い。しかし2年生以降から徐々に自己評価が現実に近づき，次の成功への期待も小さくなる。つまり学年が上がるほど，「どうせやってもできない」という諦めや無力感へのケアが重要になる。授業で使うタスクにスモールステップを取り入れるなどの工夫をし，子どもが成功体験を経験しやすいタスクを設計し，教師がしっかりと成果を褒めることが重要である。

参考文献

鹿毛雅治（2013）．『学習意欲の心理学―動機づけの教育心理学』東京：金子書房．

Ryan, R. M. & Deci, E. L.（2017）. *Self-determination theory: Basic psychological needs in motivation, development, and wellness.* New York: Guilford Publishing.

Stipek, D.（1984）. Developmental aspects of motivation in children. In R. Ames & C. Ames (Eds.), *Research on motivation in education: Student motivation*, (pp. 145-174). New York: Academic Press.

（田中博晃）

Q 33　英語の学習によく見られるつまずきとは？

1．多様な背景・要因にもとづく様々なつまずき

　英語学習におけるつまずきには様々なものがあるが，その原因や背景も多様である。英語を学ぶことが初めての児童にとって，入門期・初学者としての難しさは誰にでもあるが，授業を通して気になる児童については，指導者として児童の何が気になるのか，また，考えられる要因は何か等を丁寧に見とる必要がある。

　他教科と共通して見られるつまずきとしては，「聞くことが難しい」「集中力が続かない」「授業に向かうことが難しい」「なかなか覚えられない」「人との関わりが苦手」等が挙げられるが，外国語授業に特徴的な要因として「母語ではない外国語を扱うこと」と「人との関わりが多いこと」が挙げられる。ここでは紙面の都合上，外国語活動及び外国語科の授業でよく見られるつまずきを中心に述べる。

2．英語を聞くことが難しい

　「聞く」「話す」「読む」「書く」の各技能において困難を感じる児童がいるが，ここでは「英語を聞くことが難しい」場合をとりあげる（「話す」についてはQ34，「読む」「書く」についてはQ35を参照されたい）。

　英語を聞く難しさの要因として，まずは日本語と異なる英語という「言葉」の持つ要素が挙げられる。文構造や単語が異なるだけではなく，音の種類や数も異なる。日本語の母音は5つ/a, i, u, e, o/であるが，英語は20以上と言われる（研究者により見解が異なる）。また子音についても，日本語が16に対して英語は24，日本語の特殊音節を加えると，音素の数は日本語24に対して英語は44となる。中には，日本語には存在しない/ θ (th), f, v/等も含まれる。初めて耳にする音がなかなか聞き取れない児童や，外国語というだけで「分からない」という心理的なハードルを上げてしまう児童もいる。

　児童が英語を聞くことに難しさを感じている場合，少しゆっくりと発音する，区切って話す，聞き取りづらい子音の聞き比べをさせる，というような支援を行うことができる。児童に対し，日本語にはない音を含め，英語を耳にする機会を確保することが大切である。また，場所や時間等，内容として何を情報として聞き取ればよいかを事前に手掛かりとして示しておくことも支援につながる。

3．集中力が続かない，授業に向かうことが難しい

　「集中力が続かない」児童の中には，動きが少ない活動が続くと，じっとしていられなくなる者がいる。動きのある活動を組み合わせたり，1つの活動が長くなり過ぎないように計画を立てたりすることができる。例えば，45分間の授業の中で「読むこと」や「書くこと」，「言語活動」を短い時間で組み合わせながらテンポ良く活動を切り替えることにより，児童の集中力を維持させることが可能になる。また，このような短時間の活動の組み合わせや繰り返しによって，児童が活動の見通しを持つことができるようになり，学びに対する楽しさや安心感を持つことや，学習の定着が進みやすくなることにもつながる。

　「英語学習に関心が持てない」児童たちには，これまで他の授業でも達成感を味わった経験が極めて少ないケースが多い。英語の授業では，児童に外国語を学ぶことの意義を感じさせるため，学んだ英語でALTをはじめ外国の人とコミュニケーションがとれる喜びを体験したり，異なる国や地域の文化や風習の共通点や相違点について学ばせたりすることも有効である。また，一見授業に取り組んでいないように見える児童の中には，教師の指示の内容が理解できず，戸惑っている場合がある。その際は，極力指示を短くする，気になる児童の方を向いてその児童の理解の程度を確認する，最初に1時間の流れを説明し，提示しておくなどといった手立てをとることもできる。

4．なかなか覚えられない

　単語を覚えて繰り返すことはできても，文章になると覚えることが難しい

児童がいる。見たり聞いたりしたことを短時間記憶して使うワーキングメモリが弱いことが原因の1つである。他の児童たちに比べて，一度に記憶できる容量が少ない場合や，記憶したことを取り出すことが困難な場合もある。児童の様子を見ながら，覚えることを少しずつ増やす等の手立てを繰り返していくことが有効である。

　また，どの児童にとっても，授業の中で様々な感覚を使うことは有効である。口頭で伝える聴覚情報だけではなく，絵や文字等の視覚情報，さらに口や体を動かす運動感覚等，授業の中で複数の感覚を活用することで，それぞれの児童に優位な感覚で学びが促進される。文字を学ぶ際も，鉛筆と紙だけではなく，空書きや，少しざらざらしたところに書いてみる，ブロックを使ってみる等，様々な感覚からの学びが定着にもつながりやすい。

5．人との関わりが苦手

　外国語活動及び外国語科の特徴として「人との関わりが多いこと」がある。ペアワークやグループワークを通じて，普段あまり話をしない児童同士が進んで話をするような場面を設定することで，相手の思いや考えに共感したり，相手の新たな一面を発見したりするなど，児童の人間関係の広がりにつながる可能性がある。一方で，相手に自分の思いや考えを話すことに抵抗感があったり，うまく話せないことを相手から指摘されることを心配したり，インタビュー活動などにおいて，相手の答えを聞き取ることに集中し，双方向のコミュニケーションが成立していなかったりすることもある。また，そもそも人前で話すことが苦手だったり，障害特性から人との関わりが苦手だったりする児童もいる。

　特に後者の場合，コミュニケーション活動を重視しすぎるあまり，無理に児童をペアワークやグループワークに参加させたり，大勢の前で発表させたりすると，本人に過度の緊張を与えてしまったり，例えば自閉スペクトラム症の児童の場合，場合によっては混乱し，パニックや癲癇を引き起こすこともあるため，注意が必要である。一斉にペアワークをする場合は，自閉スペクトラム症の児童については，視覚や聴覚の刺激に対して特に敏感な可能性

があるため，他のペアとは少し離れた場所で同じ活動を行うなどの工夫が必要である。

　外国語教育の目標の1つは，積極的にコミュニケーションを図ろうとする態度の育成である。「苦手なりに相手と関われた」「ちょっとだけでも英語が通じた」「相手の言うことを一生懸命聞けた」など，児童のペースで関わる機会が持てるよう，教材や活動内容の工夫や調整，配慮をする必要がある。

6. 児童を「英語嫌い」にさせないために

　外国語学習の場合，児童に「最初は分からなくても大丈夫」という安心感を持たせ，少しずつ聞き取ることができる音や言葉が増えていく実感を持たせることが大切である。効果的なコミュニケーションを図るための技能を児童に身に付けさせるなど，自分の思いや考えを表現することへの抵抗感を減らし，コミュニケーションの楽しさを実感させる授業づくりが大切である。

参考文献

川合紀宗・松宮奈賀子・大谷みどり（2019）．「学習に困難のある児童生徒はどんな点でつまずくか」『英語教育』11月号，東京：大修館書店，24-25.

Kawai, N., Matsumiya, N., Otani, M., Kawatani, N., & Ward, W.J.（2020）. Inclusive education for foreign students with special needs in Japan: An approach by the Maximizing Potential in Japan International Academy. 『広島大学大学院教育学研究科附属特別支援教育実践センター研究紀要』第18号，91-98.

ジュディット・コーモス，アン・マーガレット・スミス（著）・竹田契一（監訳）（2017）．『学習障がいのある児童・生徒のための外国語教育—その基本概念，指導方法，アセスメント，関連機関との連携』東京：明石書店.

（大谷みどり・川合紀宗）

　人前で話すことが苦手な児童が
　　　「話すこと」に取り組むためには？

1．人前で話すことが苦手な児童とは

　一口に「人前で話すことが苦手な児童」といっても，個々によってその背景や原因が異なる。まず，①外国語活動及び外国語科の授業のみ，人前で話すことが苦手なのか，②他教科等や授業以外の場面においても人前で話すことが苦手なのか，等を見極める必要がある。また，そうした場面だけでなく，その背景要因として考えられることについても，周囲の協力を得ながら実態の把握に努める必要がある。ここでは，上記２点に該当する児童に認められる困難について述べた後，それぞれについての支援や配慮の在り方について述べる。なお，①→②の順に，児童の抱える困難がより大きくなる可能性が高い。よって，例えば②に該当する児童の場合，①で述べる支援についても併せて導入すると効果が認められる可能性がある。

2．外国語活動及び外国語科の授業においてのみ苦手さが
　　認められる児童

　このような児童は，日本語とは異なる発音で話すことへの抵抗感や，日本語とは異なる語順や文の構造への戸惑い，あるいは自分が頭に浮かべたことをスラスラと外国語で表現できないことへの焦りやあきらめなどの気持ちを抱いていることが多い。こうした児童は，自分の考えや気持ちを教員や他の児童と伝え合うコミュニケーションにまで至っていない（国立政策研究所，2017）ものの，正しい英語で話さなければならない，全てを英語で話さなければならない，という思いと，そこまでは到底できそうにない，というあきらめの気持ちが交錯している可能性がある。

　まずは，母語の併用や短い発話，ジェスチャー等を使用しながら，相手に分かりやすいように自分なりに工夫して話してみることの重要性を児童に理

解してもらうことが大切である。また，児童が個別または小グループでALT
と対話をする機会を設け，評価を受けることで，児童は話す力を伸ばすには
どうすれば良いかを学ぶとともに，ALTの傾聴態度にも注目させ，聞き手と
して留意すべき点についても学ぶよう促す必要がある。

3. 他教科等や授業以外の場面においても苦手さが認められる児童

こうした児童の場合，学力や学習意欲の落ち込み，人前で話すこと自体の
苦手さ，発達や言語・コミュニケーション面の困難等，様々な要因が考えら
れる。学力に落ち込みがある場合，それが学習意欲や自己肯定感の低下につ
ながっている可能性がある。外国語の学習は中学年から開始されることか
ら，学びにくさを感じている児童にも，そうでない児童にも新たな学びの機
会になる。これならできそうだ，楽しい，という気持ちを児童に持たせ，可
能な範囲で他教科等や学校生活場面においても外国語の使用を促すとよい。

また，高学年の場合，自意識が芽生え始め，自身を客観視したり，周囲か
らの目が気になったりし始める時期に差しかかる。例えば，帰国子女が周囲
からのからかいを避けるため，外国語の授業の際，持てる能力を発揮しよう
としない事例のように，それぞれの児童が「学んだ」という実感が持てる授
業づくり以前に，互いの違いや能力，努力，失敗を認め合える学級づくりが
できているかを確認する必要のある場合もある。

発達や言語面の障害による困難の場合，特別支援教育コーディネーターや
保護者に児童の特性や配慮事項について相談する，通級による指導の実施も
考慮するなど，その児童が授業に参加しやすい教材上の工夫や配慮，環境整
備を組織的に行うことが重要である。障害種によっては，無理に人との関わ
りを促すことで不適応を起こすこともあり，注意が必要である。

参考文献

国立教育政策研究所（2017）．小学校英語教育に関する調査研究．入手先
　　　http://www.nier.go.jp/05_kenkyu_seika/pdf_seika/h28a/syocyu-4-1_
　　　a.pdf　2019年12月24日閲覧．

（川合紀宗）

Q 35　識字困難がある児童が「読むこと」「書くこと」に取り組むためには？

1．読み書きに困難のある児童とは

　読み能力と書き能力には，高い相関が認められる。つまり，読みが困難な児童は書きも困難な可能性が高い。そこで読みと書きを分けずに，①外国語活動及び外国語科の授業のみ，読み書きが困難な児童，②他教科等や授業以外の場面においても読み書きが苦手な児童，の特性についてそれぞれ述べることとする。その後，①や②に該当する児童に対する支援の在り方について述べることとする。

2．外国語活動及び外国語科の授業においてのみ困難が認められる児童

　外国語の読み書きのみに困難が認められる児童は少なくない。Q33で述べたように，日本語と英語では文構造や単語が異なるだけではなく，音の種類や数も異なる。例えば，ひらがな1文字に対する読み方は1種類であることが多いが，アルファベットの場合，例えばA/aには/ei/, /æ/, /ə/, /ɑ/の少なくとも4種類の読み方がある。また，/ʃ(sh)/音を含む単語では，<u>sh</u>ip, mi<u>ss</u>ion, <u>ch</u>ef, mo<u>ti</u>on, spe<u>ci</u>al等綴り方が異なる。このように，1つの記号に複数の読み方があることや，1つの音に複数の綴りがあることの理解に，児童は困難を示す可能性がある。また，日本語と英語とでは語順が異なる上，日本語では助詞が文意を形成するのに対し，英語では，主語や目的語を決めるのは言葉の並び順である。日本語の場合，多少単語の並び順が異なっていても，助詞が正確であれば意味が通じるが，英語の場合，語順が異なると途端に意味が通じなくなる。

3．他教科等や授業以外の場面においても困難が認められる児童

　読むためには，文字を認識し，音と結び付け，文字のつながりを単語とし

て認識し，その単語と意味を関連づけて理解することが求められる。これが困難な児童の場合，スラスラと読めない，読み間違える，音読はできても書かれている内容の理解ができない等の困難が生じる。

　書くことには，書き写す，自分の考えを書く，言われたことを書く等がある。書き写すことが困難な児童の場合，文字や文章を記銘し，その内容を保持しながら書くことが難しく，それらを何度も見ては少しずつ書く様子が見られる。自分の考えを書くことが困難な場合，考えをまとめ，書く順番を考え，綴り字や文法に留意しながら書くことにつまずく。言われたことを書くことが困難な場合，音を記銘し，保持しながら書くことにつまずく。音は文字とは異なり一瞬で消えてしまうため，ワーキングメモリの容量が少なければ，聞いた内容を書き留められない可能性が高くなる。

4.「読むこと」「書くこと」に取り組むために

　読むことの支援については，まずは音韻意識を育て，音と文字の関係を学習させることが重要である。例えば，見る，聞く，話す，書く，触る，動く等の多感覚を活用して読みを学ぶシンセティック・フォニックスが注目されている。ただ，この方法はスラスラと読めることを目指しており，読み理解が最終目標ではないことに留意する必要がある。書くことの支援については，多感覚を活用しながら，アルファベットや身の回りの英単語の綴り，読み，意味を理解し，書くことができることを目標に据えるとよい。場合によってはパソコン入力や，音声入力による「書くこと」を許容し，自身の考えを文字化することへの喜びを味わわせることも重要である。

参考文献

ジュディット・コーモス，アン・マーガレット・スミス（著）・竹田契一（監訳）（2017）.『学習障がいのある児童・生徒のための外国語教育—その基本概念，指導方法，アセスメント，関連機関との連携』東京：明石書店.

（川合紀宗）

第6章　小学校外国語の授業づくり

Q 36　年間指導計画作成の留意点とは？

1．1年間で児童に付けさせたい力を明確にしよう

　年間指導計画を作成するためには，その学年の1年間で児童に付けさせたい力を明確にし，学校全体で共有しておかなければならない。小学校の外国語活動・外国語科では，第3・4学年や第5・6学年の2学年間で達成する目標が示されているため，学校では，児童の実態に照らして学年ごとの学習達成目標を設定する必要がある。その際，年間を通した計画的な領域ごとの観点別評価をするために，評価時期や場面，方法についても考えておく必要がある。

2．各単元で既習表現に繰り返し触れることができる活動を設定しよう

　外国語科は言語学習であることから，コミュニケーションの中で繰り返し何度も単語や文に触れさせることが効果的である。

　そのためには，単元に入る前に，単元終末のコミュニケーションを行う場面を設定し，その単元で扱う新しい単語や文に，これまで児童が学んでいる単語や文を組み合わせ，その場面にあった英語での会話をあらかじめ作成しておく必要がある。そして，単元終末において，児童が場面に応じて，新出単語や文とともに，既習表現を用いて会話ができるよう，第1時から段階的に既習表現を想起させ，活用させることが重要である。

　また，小学校外国語科は第5学年から扱うことから，指導者が，第3，4学年生の外国語活動でどんな単語や表現を，どのような活動で学んだのかを知っておく必要があることは言うまでもない。

3．学校全体の学習活動を見通したカリキュラム・マネジメントを行う

「知識及び技能」「思考力，判断力，表現力等」「学びに向かう力，人間性

124

等」の3つの資質・能力を育成するためは，学校全体の学習活動を見通した
カリキュラム・マネジメントを行うことが大切である。

（1）コミュニケーションを行う目的や場面，状況を設定する

　3つの資質・能力は，1単位時間の授業で育成されるとは考えにくく，単元
など時間や内容のまとまりを通して育成することが求められる。そのために
は，単元など時間や内容のまとまりごとに，コミュニケーションを行う目的
や場面，状況を設定し，それらに応じた言語活動を設定する必要がある。そ
の際，どのようなやり取りができるようになればよいのかなど，具体的な言
語活動のイメージをもっておくことが大切である。

（2）他教科等との関連を図る

　コミュニケーションを行う目的・場面・状況の設定に，他教科等や地域・学
校行事を関連させることは有効である。例えば，総合的な学習の時間におけ
る地域学習の際に，外国から来られた観光客に英語でインタビューを行うな
どの学習活動が挙げられる。目的（課題）の設定を総合的な学習の時間に行
い，その目的（課題）を達成するために，英語を活用するという必然性をも
たせることにつながる。他にも，図画工作科で作成した作品を友達に紹介す
るという目的で，Show & Tellをする学習活動などが考えられる。

　その際，各単元における言語活動と他教科等のどの学習活動とを，どのよ
うに組み合わせることが児童の言語活動にとって必然性のある目的や場面，
状況を提供することになるのかを考え，カリキュラム・マネジメントを行う
必要がある。

参考文献

文部科学省（2017）.『小学校学習指導要領（平成29年度告示）解説　外
　　　　国語活動・外国語編』東京：開隆堂出版.

文部科学省（2017）.『小学校外国語活動・外国語　研修ガイドブック』入手
　　　　先　https://www.mext.go.jp/a_menu/kokusai/gaikokugo/1387503.htm
　　　　2019年12月24日閲覧.

（大里弘美）

Q 37　単元指導計画作成の留意点とは？

1．3つの資質・能力を育成できる学習のプロセスを設定しよう

　3つの資質・能力の育成には，それぞれの資質・能力を育成する学習過程を踏まえた学習のプロセスを単元など内容や時間のまとまりにおいて，設定する必要がある。

　まず，児童に，設定されたコミュニケーションの目的や場面，状況等を理解させ，それらに応じて，新出表現と既習表現を組み合わせ，どのような英語表現を行うのかを考えさせる必要がある。その際，児童が英語で表現することに困っている内容を学級で共有し，既習表現を用いてどのように表現できるのかを考えさせたり，児童のみで考えることができない場合は，指導者（ALT等を含む）が児童の実態に応じて，表現を示したりすることが必要である。この学習過程が，児童の思考力・判断力・表現力等を育成することにつながる。

　次に，それらを用いて実際にコミュニケーションを行い，自分の英語での表現の状況はどうだったか，さらにどのようなことが表現したかったか，ふり返りをさせる。特に，単元終末における実際のコミュニケーション場面では，児童が準備していた英語だけでは表現することができず，さらに「こんなことが言いたかった」「相手の話に反応する際に，"OK." だけでなく，いろいろな反応をしたかった」など，児童の自己表現や相手意識をもったコミュニケーションへの意欲が高まったかを，ふり返りができるような場面を設定したい。このふり返りが，「学びに向かう力，人間性等」の育成に繋がるのである。

2．単元終末の言語活動と単元で扱う言語材料を想定しておこう

　単元指導計画には，年間指導計画に基づき，その単元でどのような言語材料を扱うかを明記しておく必要がある。教科書を基に，その単元で扱う言語材料を設定することが多いと考えられるが，学校によって児童の実態は異な

る。そのため，教科書で示されている言語材料を扱う場合であっても，児童の実態にあった単元終末の英語表現のイメージ（目指す児童の姿）を設定し，これまで学んだどのような英語表現や語彙を扱うのかを検討し，新出表現に加えて，既習表現も明記しておくとよいであろう。こうすることで，計画的に，既習表現に繰り返し触れさせることが可能となる。

3．学習指導要領に基づいて，本単元に該当する領域別目標を設定しよう

年間指導計画に示した計画的な領域ごとの観点別評価の時期や場面，方法を基に，各単元で重点的に評価する領域における児童の目標達成の状況を把握できるよう，単元指導計画をたてる必要がある。

具体的には，例えば，「話すこと（やり取り）」の領域に焦点を当て，評価する単元であれば，「話すこと（やり取り）」の「知識・技能」は第何時のどのような学習活動において，どのような方法で評価するのか，同様に「思考・判断・表現」，「主体的に学習に取り組む態度」についても，いつ，どの活動で，どのように評価するのかを明確にしておかなければならない。例えば，どの程度，学習が進んだら記録に残す評価を行うかを検討するなど，単元の計画を立てる際に，評価時期や場面，評価方法等を考えておくことが必要である。但し，各単元で重点的に評価する領域が，1つとは限らない。

4．単元指導計画を作成しよう

これまでに示した留意点を踏まえて，*We Can!* 1 Unit2 "When is your birthday?"（第5学年）pp.10-17を扱い，具体的な単元指導計画の例を考えてみたい。

この単元のテーマから，ゴールの言語活動やそこで目指す児童の姿を考え，特に重点を置く領域別の目標を考える。"When is your birthday?" を扱う場合，「話すこと（発表）」よりも，お互いの誕生日を尋ね合う「話すこと（やり取り）」が題材的に適していると考え，領域別の目標『「話すこと（やり取り）」ウ　自分や相手のこと及び身の回りの物に関する事柄について，簡単な語句や基本的な表現を用いてその場で質問したり質問に答えたりし

て，伝え合うことができるようにする』との関連を図ることとする。但し，単元計画作成時に領域別の目標を設定するのではなく，「3．学習指導要領に基づいて，本単元に該当する領域別目標を設定しよう。」で述べたように，年間指導計画作成時に，計画的な領域毎の観点別評価の時期や場面，方法を設定していることから，原則，年間指導計画に沿って，領域別の目標を設定しよう。

　次に，"When is your birthday?" の表現を用いて，その場でやり取りを行うのにふさわしいコミュニケーションの目的や場面，状況を設定する。例えば，「バースデーカードを作成し，プレゼントするために，友達の好きなものや欲しいものについて，質問したり質問に答えたりして伝え合う」場面設定が考えられるだろう。

　それを踏まえて具体的な「やり取り」に用いられる語句などの言語材料を精選していく。例えば，児童Aと児童Bが好きなものや欲しいものが描かれたお互いのバースデーカードを見ながら会話をする場面を想定し，この単元の主な言語材料であるA: When is your birthday? B: My birthday is <u>February 2nd.</u>を目指す児童の姿の中心として設定する。次に，誕生日プレゼントを選ぶために，友達の好きなものや欲しいものを尋たり答えたりするA: What sport do you like? B: I like soccer. A: Do you want new soccer shoes? B: Yes.を用いて，会話を広げる。さらにB: What do you want for your birthday? A: I want a dog. B: Oh, really? I like dogs. I have a dog. A: That's good.のように，相手のことも尋ねる等，相手意識をもったやり取りを考えさせることで，思考力・表現力・判断力等の資質・能力の育成を図りたい。

　また，このやり取りを成立させるために必要となる，誕生日を表現するための新出の語彙である「月，季節，序数，日本の行事」，好きなものや欲しいものを表現するための既習の語彙である「スポーツ，身の回りのもの」の言い方に慣れ親しませる学習活動を単元指導計画に設定しておくことも必要である。

　そして，児童の学習状況を適切に評価するため，単元を通した指導と評価を計画する。例えば，第5時にバースデーカードを友達と送り合うやり取りを練習する場面を設定し，本単元の主な言語材料であるA: When is your birthday? B: My birthday is <u>February 2nd.</u>を正しく表現しているかに着目し，「知識・技能」を行動観察により評価をする。

　第6時では，バースデーカードを友達と送り合うやり取りの2回目の練習場面を設定し，A: When is your birthday? B: My birthday is February 2nd.を正しく表現しているかだけでなく，A: What sport do you like?等，既習表現を用いて会話を続けたり，"Really?"や"That's good!"等，場面に応じた表現を用いたりしているかに着目し，「知識・技能」と「思考・判断・表現」を行動観察により評価する。

　単元終末の第7時では，練習ではなく，実際に友達のために作成したバースデーカードを送り合う場面を設定し，場面に応じた表現を用いているかとともに，自分がほしい誕生日プレゼントを尋ねられた後にB: What do you want for your birthday?と尋ねる等，相手意識をもった会話を工夫したり，既習表現を用いて粘り強く会話を継続したりしているかに着目し，「思考・判断・表現」と「主体的に学習に取り組む態度」を行動観察と振り返りシートの記述により評価する。特に，振り返り場面の教師の問いかけや振り返りシートの問いは，「どのような表現を用いると効果的に自分の気持ちが相手に伝わったか具体的に答えましょう」等，児童の自己表現や相手意識をもったコミュニケーションへの意欲が高まったかを見取ることができるものとなるよう留意したい。

　なお，第1～4時は，本単元で身に付ける内容を評価する時期としては学習が浅いため，本単元の目標に向けて指導はするが，記録に残す評価は行わないことも考えられる。

参考文献

文部科学省（2017）．『小学校学習指導要領（平成29年告示）解説　外国語活動・外国語編』東京：開隆堂出版．

文部科学省（2017）．『新学習指導要領対応　小学校外国語教材 *We Can!* 1 指導編』東京：文部科学省．

（大里弘美）

Q 38　45 分間の指導の組み立ての留意点とは？

1．45 分間の外国語授業

「今日はどんなことをするのだろう！」という期待から始まり，「もっとやりたい！　次の時間が楽しみだ」という充実感をもって授業が終わる。そんな45分間の授業の実践を繰り返していくことが，主体的に外国語を学ぼうとする児童を育てることに繋がっていくだろう。そのためには，指導者側がしっかりと45分間の授業の目的を把握し，児童の実態や興味関心に合わせた活動を意図的に組み立てていくことが重要である。

2．45 分間の授業の流れを考える

（1）インプットからアウトプットへ

45分間の授業の流れを考える際に前提となるのは，インプット（たくさん聞いて理解すること）から，アウトプット（理解したことを発表したり，交流したりすること）の流れをつくることである。教師の話す英語を聞いて理解し，それを真似て自分で言えるようになることができて初めて，表現することができるようになる。そのため，45分間の授業の流れをインプットの活動からアウトプットの活動になるように考えることが大切である。

（2）授業の「導入・展開・終末」を構成する

新しい外国語を学んでいく際には，3つの段階を経ていくと言われている。始めに，目標とする表現や語彙などを実際に児童に提示する（Presentation）段階。次に，目標とする語彙や表現を練習する（Practice）段階。最後に，習ったことを使って表現したりやりとりしたりする段階（Production）である。ただし，小学校での外国語は表現を定着させるために何度も練習するというものではなく，実際にその表現が使われる場面や状況を想像しながら活動を行うものである。よってPractice（練習）というよりも，「言語活動」と捉え，学年や発達段階に応じた内容を考えていく方が適している。

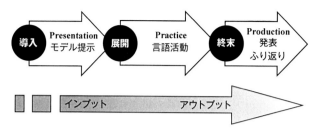

図6-38-1　45分間の授業の組み立て

（筆者作成）

　言語習得のこの3つの段階をもとに，通常の45分間の授業を組み立てる。始めの導入部分は，あいさつや歌，チャンツ，Small Talkなどを通してウォーミングアップをすること。さらに目標とする語彙や表現が使われる場面や状況をモデルとして提示すること（Presentation）を行う。そして次の展開部分では，教師の話す英語をたくさん聞いたり話したりして慣れ親しむ活動や，自分の思いを伝えるための活動を取り入れていく。ここまでの導入（Presentation）から言語活動（Practice）において，何度も聞いたり話したりするなどの音声のインプットをたくさん与えることで，次第に自信をもってコミュニケーションに取り組もうとする態度が育まれてくる。そして最後の終末部分では，友達と実際に交流したり皆の前で話したり，発表（Production）することで，できるようになったことをふり返る。

　このように，導入から終末まで3つの段階に分けて組み立てること，その際に「提示（Presentation）」「言語活動（Practice）」「発表（Production）」の流れを意識することで，インプットからアウトプットの流れができ，授業を通して児童は「言えた」「できた」という達成感を味わうことができるようになるのである。

3．具体的な言語活動を考える

（1）展開部分の言語活動を組み立てる

　45分間の授業の中では，特に授業の展開部分で具体的にどんな言語活動

を行うのかということが重要になる。展開部分は授業のメインとなる活動を行うため，30分程度を目安として考えるとよい。この間，1つの活動のみを行うのではなく，2つもしくは3つの複数の活動を行うことが望ましい。児童にとって英語は未知のものであり，活動を行う中で難しさを感じることは当然ある。だからこそ1つのことに長い時間集中し続けることよりも，児童の集中力が持続する短い時間を利用し，複数の活動の中で，繰り返し目標とする語彙や表現に触れていくことが有効である。

　例えば，展開部分の始めに目標となる表現を復習する単語や表現のチャンツを行う。発達段階や実態に応じて，目標となる語彙を扱うキーワードゲームやミッシングゲームなどの活動も行うことができる。その際に留意すべきことは，勝敗にこだわらず，目標とする語彙や表現が話せたことに価値を感じられるような活動にすることである。短い時間で語彙や表現の復習ができたら，本時のメインとなる言語活動を行う。言語活動は，高学年では「書く」ことも行うが，あくまで話すことができ，慣れ親しんだ表現を書き写すというものである。

　この際に留意すべきことは，意味が分からないまま音だけ繰り返して話したり書いたりするような活動はしていないかということである。新しく習った語彙や表現も，どんな状況で話されていることなのか，状況や意味が分からずに繰り返しているだけであればすぐに忘れてしまう。状況や意味をしっかり理解した上で話せるような活動を組んでいきたい。

（2）言語活動を充実させるためには？

　では，実際にどんな言語活動を設定すればよいのだろうか。言語活動を充実したものにするために留意すべき点が3つある。1つ目は，必然性のある活動を設定することである。必然性とは例えば，やってみたいという気持ちを持てる活動であること，児童の学校生活や家庭生活に根差した活動であること，相手をよく知り更に相互理解を深めるきっかけとなるような活動であることが挙げられる。中学年であれば店員とお客などのように具体的なコミュニケーション場面で役割演技をさせることもできる。高学年であればインフォメーション・ギャップを持たせたり，目標とする表現を使って"クラ

スで一番〇〇な人"をインタビューしたりするなどの活動が考えられる。こ
れらの活動は，表現を覚えることが目標ではなく，表現を使って，友達と買
い物をしたり，一番〇〇な人を探したりすることが目標である。2つ目は，
次への意欲に繋がる達成感や成就感を体験させることである。

　3つ目は，知的な楽しさを体験させることである。学年が上がると，ゲー
ム的な活動では飽き足らず，活動に消極的になることもある。よって，クイ
ズなど児童が思考する場面を設けたり，グループで話し合ったりするなど知
的負荷を加えていくことが必要になってくる。いずれも，語彙や表現の定着
を目標とせず，英語を使って何ができるかということを目標として考えてい
くことが，言語活動を充実させる鍵となる。

　最終的にその授業の中で，児童にどんな言語活動をさせたいか，どんな表
現ができるようになって欲しいのかというイメージを教師側が明白に持つこ
とが大切である。それが本時の中で目指す姿だとすれば，バックワードデザ
インの視点で，そのためにどんな言語活動が必要かを段階的に考えていくこ
とができるのである。

　このような考えに基づいて授業を組み立てていくと，単元によって扱う内
容は変わるものの，毎時間の活動の流れは定着してくる。ユニバーサルデザ
イン的な視点から見ても，外国語の授業の流れはこうだ，というものを児童
が自然と理解していることは学習のしやすさや安心して学べる環境を整える
ことに繋がっていくのである。

　充実した45分間の学びのために，教師自身が思考し授業を組み立ててい
くことが，児童を育てる土台となっているのである。

参考文献

Brewster, J., & Ellis, G.（2007）. *The primary English teacher's guide* (6th ed.).
　　　Essex, UK:Pearson Education.
望月昭彦（編著）.（2010）.『改訂版　新学習指導要領にもとづく英語科教
　　　育法』東京：大修館書店.

（佐藤彩香）

Q 39　指導案の書き方で大事なことは？

1．指導の過程を具現化する

　指導案は，学習指導要領をもとに，目の前の児童に対してどのように工夫して力をつけさせるかという，指導の過程を具現化するものである。構想からしっかり練った指導案を書くことで実際の指導にも活かされるであろう。

　2017年改訂小学校学習指導要領による「外国語活動」「外国語」では，「知識・技能」，「思考力・判断力・表現力」，「学びに向かう力，人間性」の3つの資質・能力をバランスよく育成することが求められている。よって，指導案を書く際には，各単元の目標に示されている資質・能力を，指導者である教員がどのような活動によってどのように育てていくかを，しっかりと明記していくことが大切である。

　では実際に，指導案にはどのような内容を書けばよいのだろうか。目標とする児童の姿と，目の前の児童の実態や姿を考慮しながら，「単元全体の構想に関わる内容」と「本時の構想に関わる内容」の2つについて指導案に示していくことが求められる。

2．単元全体の構想に関わる内容とは？

　単元全体の構想に関わる内容として，主に5つの内容を示す必要がある。まず1つ目は，3つの資質・能力ごとの単元目標である。2つ目は，この単元で使用する言語材料（語彙や表現）。3つ目は，どのようなねらいをもって行われる単元であるかということを示す単元観や指導観。4つ目は，単元全体の単元指導計画。そして，5つ目は，目標に基づいて作成された評価規準である。単元目標を把握した上でどのように単元指導計画を作成するのかについては，前述のQ37を参照して頂きたい。

　3つ目の単元観について，教科書の構成に基づいて，書くべき内容について補足をする。これまで使用されてきた外国語指導教材 *Let's Try!* や *We Can !*

に限らず，現在使用されている検定教科書においても，英語を使用する場面設定を重視した「場面シラバス」で単元が構成されている。よって単元観として，どのような場面や状況で，どのようなコミュニケーション活動を通して，どんな能力を育むことが期待される教材なのかを，児童の実態や背景とともに記しておくとよい。さらに，単元観に基づいて，児童の実態に合わせてどんな指導を行うかを示す指導観についても，示しておくとよい。

３．本時の構想に関わる内容とは？

では，どのように本時の指導案を作成していけばよいのだろうか。本時に行う具体的な活動を選択し，時間配分や評価場面などを考えていくことになる。

ここでは，小学校外国語活動教材 *Let's Try! 1* の Unit 7"This is for you." を例にして考えていきたい。単元目標は3つである。「知識・技能」については「日本語と英語の音声の違いに気付き，形の言い方や欲しいものを尋ねたり答えたりする表現に慣れ親しむ」ということ，「思考力・判断力・表現力等」については「欲しいものを尋ねたり答えたりして伝え合う」こと，最後に「学びに向かう力，人間性等」については「相手に伝わるように工夫しながら，自分の作品を紹介しようとする」ことと示されている。この目標に基づいて作成した単元指導計画の例を，表6-39-1に示した。このうち，本時は単元全体の3時間目にあたる。単元計画が完成したら，本時の展開案を作成する。

表6-39-1　*Let's Try!* 1 Unit 7 "This is for you." 単元の指導計画の例

時	目標（評価の観点）
1	いろいろな形の言い方を知ろう　　　　　　　　　　　　（知識・技能）
2	欲しい形を尋ねたり，相手に伝えたりする表現について知ろう。（知識・技能）
3	欲しい形を尋ねたり，相手に伝えたりする表現を使って，友達とやりとりをしよう。　　　　　　　　　　　　　　（思考力・表現力・判断力）
4	欲しい形や数，色を尋ねたり答えたりして，グリーティングカードを作ろう。　　　　　　　　　　　　　　　　（思考力・表現力・判断力）
5	グリーティングカードをしょうかいしよう。　　　（学びに向かう人間性）

（筆者作成）

135

4．本時の展開案の書き方は？

　本時の展開案とは，具体的にどんな内容をどのような形式で書いていけば
よいのだろうか。図6-39-1にあるように，指導案の左側には，学習内容と活
動の時間配分を示しておく。活動の形態（一斉なのか，個別のやりとりなの
か）についても書いておくことで，具体的な授業の流れがイメージしやすい
だろう。また，本時のコミュニケーション場面で使用させたい表現や，やり
とりの例を示しておくとよい。

　右側には，教師が指導を行う上での指導上の留意点と，授業の目標に対し
て，どの活動でどのように評価を行うのかということを示しておく。指導上
の留意点とは，児童一人一人が活動できるようにするために，児童の実態を
踏まえ，具体的に行う手立てや支援のことである。支援を必要とする児童の
姿や，その場面を具体的に想像し，「（具体的な支援）をすることで，（身に
付けさせたい力や態度）ができるようにする」というような形で示すとよ
い。評価に関しては，本時の目標とその資質・能力を，どの活動において，
何をもとに評価するのかを，評価規準と照らし合わせて書いておく。行動観
察で評価するのか，それとも書き込んだものなどを見ることで評価するのか
ということも示しておくとよい。

　冒頭で述べたように，指導案は自分自身の指導を具現化するものであると
いう視点を忘れずに，指導案を作成していくことで，教師自身が指導をふり
返り，授業改善を行っていくために必要な財産となっていくであろう。

参考文献

文部科学省（2017）．『小学校外国語活動・外国語研修ガイドブック』入手
　　　先 https://www.mext.go.jp/a_menu/kokusai/gaikokugo/__icsFiles/
　　　afieldfile/2017/07/07/1387503_1.pdf　2019年12月26日閲覧.

段階	学習内容と学習活動	形態	○指導上の留意点　●評価
導入10分	1　あいさつ	斉	○前単元までの既習表現を使ってやりとりすることで，楽しく学習がスタートできるようにする。
	・How are you feeling? ・How is the weather?		
	2　アルファベットタイム（大文字）		○体を使って表現することで，文字の特徴を捉え，文字認識につなげられるようにする。
	3　歌・チャンツ ♪　ABC song を歌う。 ♪　Shapes song を歌う。		○前回までの学習を振り返り，本時は習った語彙や表現を使いながら，友達とやりとりするという目標を示し，意欲を高められるようにする。
	4　本時の学習課題の確認		
	★欲しい形を友達と伝え合い，カードに使う形を集めよう。		
展開25分	5　アクティビティ	斉	
	(1) チャンツで形の言い方や欲しい物を聞いたり答えたりする表現を復習する。		○前時に行ったゲームを行うことで，振り返りながら単語や文章への慣れ親しみを深める。
	①　3語ずつのチャンツ ②　文単位のチャンツ		
	(2) すごろくゲームで形の言い方や欲しい物を聞いたり答えたりする言い方を復習する。		
	(3) 客と店員に分かれ欲しい形を伝え合う。	ペア	○誰とでもペアになって自信をもって活動できるようにT1とT2で支援する。
	A：What do you want? B：I want circle. A：How many? B：Three please. A：Here you are. B：Thank you.		●進んで相手を見つけ，コミュニケーションをとろうとしている。（行動観察） ●動作をしたりサポートを受けたりして，相手に伝わるように工夫しながら，自分の伝えたいことを習った表現を使って伝えようとしている。（行動観察）
	6　チャレンジタイム		
	・先生方とやりとりをし，自分の欲しい形を伝える。		
終末10分	7　ふり返り	個	○本時の活動でできるようになったことやよかったところを称賛し，次への意欲付けを図る。
	8　あいさつ	斉	

図6-39-1　*Let's Try!* 1 Unit 7 "This is for you." 活動指導案例（3時間目）

（佐藤彩香）

Q 40 既習表現を活用した発展的学習の組み立て方とは？

1. 発展的学習とは何か？

　発展的学習は，どの子どもたちにも身に付けて欲しい知識や技能を十分に身に付けたうえで，さらに理解を深め，コミュニケーションに活かす力を育むための学習である。子どもたちが，音声でのやり取りに十分慣れ親しみ，自分なりに表現するには時間がかかる。単元の目標をもとに，子どもの実態に合わせて逆算的に指導計画を立て，実践していくことが必要である。扱う表現の導入，意味理解，練習，そしてアウトプットさせる段階を丁寧に踏み，発展的学習に取り組ませる。

2. 発展的な授業づくりのポイントとは？

　発展的学習のポイントは，コミュニケーションを図る目的や場面，状況を具体的に設定することである。英語を使う場面を分かりやすく設定することで，子どもたちがコミュニケーションをする必然性をもち，意味のあるやり取りをすることができる。「自分だったらこんなことを伝えたいな」「友達はどんなふうに考えているのか知りたいな」という思いをもたせることが大切である。また，聞くこと，話すこと，読むこと，書くことの知識理解を，統合的に活用できるような学習にすることも心がけたい。

(1) 自分の街紹介を学習する単元例

　自分の街紹介を学習する単元において，ALTの先生にぜひ訪れて欲しい地域のおすすめスポットを班ごとに紹介する発表活動を設定する。基本的な場所や建物の表現を学習し，地域にあるものや，ないものを伝えられるようにしたうえで，ALTの先生が好きなものを尋ねるQ＆A活動を設定する。既習である Do you like...? What...do you like? What's your favorite...? などを活用し，ALTの先生の好みの情報を得る時間をとる。そして，伝える相手のこと

を踏まえて提案できる場所を，班ごとに考え発表活動を行うようにする。また，発表の際には，簡単な絵と場所の名前を英語で書いたポスターなどを作成し，単語を書き写す活動につなげてもよい。可能であれば，ATLに子どもたちが紹介した場所に行ってもらい，感想を伝えて子どもとやり取りをする場面をつくったり，行った感想を書いた日記を書いてもらい，それを読んだりする活動につなげる。日記のように書いてもらうことで，I went to... I enjoyed... といった過去の表現を扱った表現の学習に活かすことができる。

（2）自己紹介を学習する単元例

自己紹介の単元であれば，自分の名前，出身地，好きなものや嫌いなもの，自分のできることや得意なことなどを基本的な表現として扱い，相手に伝える場面を設定する。新しい友だちに自分のことを伝えることはもちろんだが，発展的学習として，地域に住む留学生や外国人の方などとの交流会などを設けて，英語で自己紹介を行う必然性を高めることが考えられる。絵や自分で書いた語句などを指し示しながら視覚的にわかりやすく伝えることや，ジェスチャーを用いて表現することなど，コミュニケーションの幅を広げて伝え合うことができるようにする。また，ゲストには，子どもの自己紹

介を聞いて質問したいことを1つ尋ねてもらうようにし，既習表現を使ってやりとりを行う場を設ける。What's this? Do you like...? Is this your...? などその場でのやり取りに挑戦し，既習表現を活かした活動とする。

図6-40-1　留学生にポスター自己紹介をする様子
（筆者撮影）

参考文献

直山木綿子（監修）（2019）．『なぜ，いま小学校で外国語を学ぶのか』東京：小学館．

（荒井和枝）

Q41　教科書の活用方法とは？

1．教科書の基本

　教材の中でも教科書は，教科指導における主たる教材として位置づけられる。まずは，教科書について改めて基本を確認しておきたい。

（1）小学校外国語の展開と教科書

　各学校や地域の裁量において「総合的な学習の時間」等を活用して外国語指導が行われた時代には，全国的な共通教材は存在しなかった。その後，高学年に必修の「外国語活動」が導入され，文部科学省によって『英語ノート』とその後継の *Hi, friends!* が作成，配布された。これらは「検定済教科書」ではないが，小学校学習指導要領に示された「外国語活動」の目標や内容等を踏まえた教材である。2020年度から「外国語活動」が中学年に，教科としての「外国語」が高学年に導入されたが，2018年度からの移行期間には文部科学省作成の教材 *Let's Try!*（中学年用）と *We Can!*（高学年用）が使用された。そして現在は，小学校の外国語にとって初の「検定済教科書（以降，教科書と記す）」が高学年の外国語で使用されている。

（2）教科書の構成と使用の基本

　教科書は学習内容，学習方法，そして学習の順序が示された学習・指導における中心的な教材である。英語の教科書には単語，慣用句，多様な文構造，英語使用場面等が登場するが，それらは学習指導要領に示された指導内容を踏まえて選択されたものである。また，教科書にある練習問題や，既習事項を活用して言語活動を行う Activity なども学習指導要領に示された目標の達成を目指す活動として用意されている。したがって，教科書は学習指導要領を具現化した，質的に一定水準が保たれた教材であり，学校教育法において使用が義務付けられている。では，教科書に全て従って指導を進めていけばよいのか，というとそれもまた最適解ではない。教科書には全国的な教育機会の保証と水準の担保という大きな目的があり，一方でそれは，あなた

が指導する学級の児童に向けた唯一のオーダーメイド教材ではない，ということを意味する。教科書を主要な教材として核に据えつつ，目の前の児童の実態や課題等に応じた活用方法の工夫が求められる。

2. 教科書を活用した授業づくりのための準備

教科書をどのように活用しながら指導するかを決める際には，育てたい子どもの姿や，指導者が外国語の指導で目指すこと等の目標や理念が重要であり，それらが授業作りに影響を与える。ただ単に「明日はUnit 3の20ページと21ページをやろう」ではなく，これらのページをどのように指導するのか，それは何故か，ということを常に意識しながら授業の計画を練ることが肝要である。翌日の授業で教科書の20〜21ページを扱う場合，それら2ページの内容のみを確認して授業に臨むのは望ましくない。単元を構成する各時間は単元のゴールに向かうものとして位置づけられている。したがって，ゴールの確認なくして授業を行うことはできない。もしできるとするならば，それは「今日の教科書割当てページの消化」に過ぎないだろう。また，年度のはじめに教科書を手にした時には，最初から最後まで全体にしっかりと目を通すことが大切である。どのような題材が登場するのか，単元間にどのような関連があるのか，コラムや資料のページはどのように活用できそうか，語彙リストなど補助的に活用できそうなものが教科書に含まれているか，等をまず把握することが，単発的に1時間1時間をこなすのではない，有機的に展開する授業作りを可能にするだろう。

3. 教科書をもとにオーダーメイド教材を作るには

上述のとおり，教科書は全国の小学校で使用されることを意図して作られており，時に自分の学級の児童実態とのすり合わせが必要になる。例えば，難易度が合っていない場合もあるだろうし，あるいは，教科書に楽器が登場する際，紙面に登場する楽器だけでなく，自分たちの学校では「琴」も合奏に使っているので「琴」を加えたい，といったこともあるだろう。そのような視点は非常に大切なものであり，児童の学びの状況に応じて足場をかけた

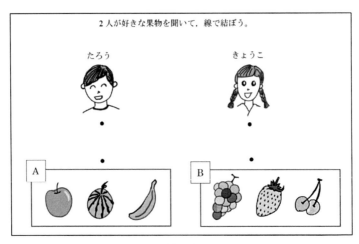

図6-41-1　教科書イメージ例

（筆者作成）

り，逆に少し上のレベルへとチャレンジをさせたりすることによって，児童
が意欲的に取り組める課題や問いを設定できる。

　それでは，教科書の使い方に工夫を加え，自分の学級の実態に合った独自
教材へとアレンジする方法を具体的に考えてみたい。例えば，図6-41-1のよ
うなリスニング問題があったと仮定する。流れてくる音声は "Hi, I'm Taro. I
like apples, watermelons, and bananas." である。

　ご覧のとおり，AとBの果物が全て異なるため，最初のapplesを聞いた時
点で答えを導くことができる，比較的平易な問題と言えるだろう。しかし，
聞き取りに不安がある児童の場合，最初のapplesを聞き逃し，watermelons
の意味が分からず，最後のbananasでようやく正解にたどり着く可能性もあ
る。このような児童が多い学級においては，この聞き取り問題は適切な難易
度と考えられる。しかし，同じ問題を，あまりに易し過ぎると感じる場合に
は，次のようなアレンジが求められるだろう。例えば，教科書は開かず，選
択肢A，Bを合わせた6個の果物をランダムに（音源から流れる「りんご」
「スイカ」「バナナ」…の順ではなく，順番を変えて）ワークシートに掲載
し，「たろう」と「きょうこ」の好きな物にグループ分けさせることも一案

である。選択肢を6個よりも増やして，例えば8個の中から2人の好きな果物3個ずつを聞き取るという活動にすれば，難易度が少し上がる。全く同じ意図をもって，ワークシートではなく，絵カードを黒板に貼って活動することも可能であるし，児童用絵カードがあれば，児童の手元でカードを選ぶこともできる。さらに難易度を上げるなら，教科書を開かず，またワークシートや絵カードも使用せず，イラストの補助なしで聞き取りを行い，2人の好きな物を聞き取らせることもできるだろう。教科書で意図されている「つけたい力」を理解した上で，目の前の児童にとって適切な形へとアレンジすることによって，子どもたちの学習意欲へとつなげたい。なお，同じ学級の中でも児童によって習熟度が異なることもよくある。その場合，上記のリスニング問題ならば，「教科書どおりに聞く方法」と，「チャレンジ問題として教科書のイラストなしで自力で聞いてみる」のいずれかを児童自身が選んで行うことも可能だろう。

4．紙の教科書の良さとデジタル教材等の活用

　長い間，教科書といえば「紙」でできたものを意味してきた。しかし教育におけるICTの活用が進み，児童がタブレット端末等で操作する学習者用デジタル教科書の導入も法的に制度化された。紙媒体，電子媒体の双方の長所，短所を知って使い分けることが望ましい。例えば，写真やイラストを拡大して細部まで見ることは紙の教科書ではできない。一方，"Let's find a hamburger in your textbook. On which page can you find a hamburger?" といった活動は「ぱらぱらめくれる」紙の教科書の方が行いやすいだろう。

　また，外国語学習にとって音声は不可欠であり，紙の教科書だけでは不十分であることも多い。2020年度から高学年で使用されている教科書の多くには QR コードが付され，授業外でも音源にアクセスできるように工夫されている。中には QR コードから学習のためのゲーム等につながるものもあるため，授業外での自主的な学習の方法を指導する際に，QR コードから得られる情報の活用方法についても授業の中で指導することが望まれる。

（松宮奈賀子）

Q 42 デジタル教材の活用方法とは？

1. デジタル教材の種類と状況

　教育においてICT機器やデジタルコンテンツが果たす役割は日々大きくなっている。本項では，デジタル教材の種類を確認し，外国語の学習・指導における具体的な活用の工夫について述べる。

（1）外国語の指導に活用できるデジタル教材

　外国語で活用できるデジタル教材として，最も代表的なもの，かつ重要なものは音声や映像だろう。「聞くこと」や「話すこと」を学ぶ上で，音声ややり取りの状況を含む動画は非常に大きな役割を果たす。これらを教科書の内容に準じて提供するものに「指導者用デジタル教科書（教材）」がある。これは教科書の内容を電子黒板等に大きく映し出して指導に活用できる教材であり，教科書の内容に沿った音声や動画，さらにその他の補助的な教材が含まれている。例えば，教科書紙面のリスニング問題の箇所をクリック（またはタッチ）すると，音声が流れて，児童に聞き取りを行わせることができる。文部科学省はこれまで外国語活動及び移行期間の外国語科の指導に活用できる教材として『英語ノート』，*Hi, friends! Let's Try! We Can!* を作成してきたが，いずれに対してもデジタル教材が用意された。小学校における外国語の指導とデジタル教材は切り離せない関係と言えるだろう。

　また，「指導者用デジタル教科書（教材）」に加えて，指導者の自作デジタル教材の活用も考えられる。多くのコンピュータにはプレゼンテーションソフトが装備されており，それを用いて教材を作成することもできる。

　一方，児童が用いるデジタル教材としては，「学習者用デジタル教科書」と「学習者用デジタル教材」がある。いずれも教科書出版社が作成するもので，紙の教科書との併用が想定されている。「学習者用デジタル教科書」はあくまで紙の教科書と同一の内容をタブレット等で表示するようデジタル化したものだが，「学習者用デジタル教材」は問題を解くために書き込みでき

る機能や，イラストを動かしたり，音声や動画を再生したりする機能等を備えている。その他，ICレコーダーやカメラ機能を有するタブレット端末などを活用して作成した音源や動画を授業に活用することも考えられる。

まとめると，デジタル教材は主に教師用，児童用に分けることができ，それぞれ教科書出版社によるものと教師や児童の自作のものに分けられる（表6-42-1）。

表6-42-1　主なデジタル教材の種類

使用者	教材の種類	作成者
教師用	指導者用デジタル教科書（教材）	教科書出版社
	オリジナル教材	教師
児童用	学習者用デジタル教科書	教科書出版社
	学習者用デジタル教材	教科書出版社
	オリジナル教材	児童

(筆者作成)

（2）デジタルに対応する環境整備状況

2020年度からの教材として，外国語活動では引き続き，*Let's Try!* の紙及びデジタルの教材が活用されている。一方，高学年用としては7社から教科書が出版された。その全てに対し「指導者用デジタル教科書（教材）」及び「学習者用デジタル教科書」が発行された。よって外国語活動，外国語科の両方において，デジタル教材の活用が可能である。これからの教師には，指導者用デジタル教材の操作スキルに加え，学習者向け教材を児童にどう使わせるかの理解が求められる。

２．外国語活動，外国語におけるデジタル教材の活用

（1）教科書準拠の「指導者用デジタル教科書（教材）」の活用
①聞くこと

「指導者用デジタル教科書（教材）」は教科書を用いた外国語の学習において必要な音声や映像を提供してくれる重要なデジタル教材である。電子黒板で用いる場合，再生ボタンをタッチすれば音声が流れ，正解のボタンをタッ

チすれば答え合わせができる。そのため，英語が苦手な教師にとっては強い味方となるし，スムーズな授業進行を手助けしてくれる。しかしながら，ただタッチ（クリック）していけばよい，という考え方ではデジタル教科書を「活用して」授業しているとは言えない。例えば，リスニング問題に取り組む際には，ただ「聞いてみよう」，「答え合わせをしよう」ではなく，何回聞かせたらよいか，1回目と2回目ではどのように聞かせ方を変えたらよいか，事前にどのような情報を与えておくことが望ましいか，聞く前にはどのような指示が必要か，等を検討した上でデジタル教材を用いることが重要である。例えば，ある教科書の登場人物が "In my country, soccer is very popular. I like soccer very much." と話すのを聞き取るとする。学級の実態として，かなり多くの児童がこの音声を聞き取ることができると想定される場合には，このまま「聞いてみよう」という活動ができるだろう。一方で，かなり聞き取りが難しい児童が多い場合には，「スポーツの名前が出てくるから聞き取ってみよう」等，焦点化した聞き方ができるような指示を事前に与える必要があるかもしれない。そして「サッカー」が聞き取れたなら，次に「サッカーについて何と言っていたか」の聞き取りに挑戦させる，といったスモールステップでの聞き方が望まれることもあるだろう。あくまで「教材」であるので，それをどのように活用するかは指導者の腕にかかっている。

②読むこと

高学年の外国語では「読むこと」も取り扱うが，「指導者用デジタル教科書（教材）」では，音声を聞かせることに加えて，読まれている部分の色が変わったり，下線が引かれたりという機能がある。イメージとしてはカラオケで歌詞が順に色づけされ，今どこを歌えばよいかが示されるのに似ている。これによって，文字と音を一致させながら読むことが可能になる。

③その他

指導者が1名で授業を行う場合，会話モデルを提示できることも「指導者用デジタル教科書（教材）」の利点である。あるいは，ALTがいる場合にも，ALTの出身地域以外を含む様々な国や地域の動画等を通して異文化への視野を広げられることもデジタル教材だからできることである。デジタル教材に

備わった多くの機能のうち，本当に活用すべき機能は何かを見極めながら，それをどのように活用するかを検討していきたい。

（2）指導者の自作デジタル教材の活用

　教科書準拠の教材は，教科書を用いた指導を円滑にする上で重要な役割を担うが，教師による自作教材には児童の関心を引くものを作ることができるという良さがある。例えば，ALTに「みんなの好きな○○が知りたい。次に会う時に教えて」などのメッセージ動画を撮影してもらい，ALT不在の授業時にそれを再生して，児童の意欲付けを行うことができる。また，教科書に登場する「知らない人，知らない町，知らない学校…」といった架空の情報よりも，子どもたちにとって身近でリアルな情報を活用した教材の方が児童の興味や意欲を喚起できることは想像に難くない。準備にかかる教師の負担とバランスを取りながら検討する必要があるが，目の前の児童に向けた教材の開発ができることは大切であり，それはデジタルになっても同じである。

（3）ICレコーダーやタブレットなどによる音声や動画の活用

　児童がペアやグループになってやり取りや発表を行う際に，ICレコーダーやタブレット等のカメラ機能を用いて録音や撮影を行い，そのデータをふり返りに活用することができる。発表ややり取りの前や途中段階にその様子を動画撮影し，改善策を考えて再挑戦させることもできるだろう。あるいは，もし「指導者用デジタル教科書（教材）」に発音の際の口元を大きく映した動画があれば，それと児童自身の口元を撮影したものを比較させ，自分で「次はこんな風にやってみよう」という目標を持たせることもできる。

　音声と切り離すことができない外国語の学習にとって，デジタル教材は大きな強みとなる。また異文化に触れる点においても利点は大きい。そのようなデジタルの強みを最大限発揮するためには，指導者が機能を十分に理解し，目の前の児童に合った使い方を模索することが重要である。この「児童中心」の見方はデジタルの活用に限らず，授業作りや教材研究において必須のことであり，それをデジタル教材の活用にも応用していって欲しい。

（松宮奈賀子）

Q 43 ICT の活用方法とは？

1．ICT とその利点

　ICT とは Information and Communication Technology（情報通信技術）の略称であり，タブレット，電子黒板，プレゼンテーションソフト等が，授業で用いられる ICT 機器として挙げられる。紙媒体の教材に対し，このような ICT 機器は教材をデジタルファイルで扱う点に特徴がある。このため，テキスト，画像，音声，映像等を組み合わせたマルチメディアによる指導が容易に行える。例えば，プレゼンテーションソフトを使えば，導入する語彙とそれが表す画像，映像を同時に提示できる。それによって，児童に具体的なイメージをもって語彙を学ばせることができるだろう。

　他にも，ICT の利点として，教材の管理保存を効率よく行える点が挙げられる。紙の教材（いわゆるプリント）が数十人，数百人分もたまれば，物理的にもそれなりのスペースをとり，特定の児童の情報を見つけるのも一筋縄ではいかない場合が少なくない。一方，デジタルファイルは物理的スペースをとらず，PC やタブレットで必要な情報をすぐに検索できる。さらに，デジタルファイルは PC 上で簡単にコピーできるため，作成した教材を他の教員と共有するのも容易である。このように ICT をうまく使えば，教材管理，授業準備，そして指導の効率を上げることができる。

2．タブレット端末を活用した外国語指導の例

　ここでは，外国語指導における ICT の活用例として，タブレットの利用を取り上げる。タブレットとは，Apple 社の iPad に代表される小型のコンピュータである。授業で特に役立つ使い方として，テキストやハンドアウトをスクリーンに投影し，デジタイザーペンを使って書き込みを行う方法を紹介したい。

　下準備として，スキャナによって教材を PDF 形式で PC に取り込んでおく。

テキストだけでなく，配布する各種教材等もPDFファイルで取り込んでおくとよい。PDFファイルをスクリーンに投影するには，タブレットにPDFリーダーアプリをインストールし，投影機器とタブレットを接続する。すると，学習者の手元の教材と同じものを投影する

図6-43-1　タブレット端末によるテキストの投影
（筆者作成）

ため（図6-43-1参照），特定の箇所に学習者の注意を向けたり，考えさせたりといった活動を行いやすい。特に便利なのが拡大機能である。テキストやハンドアウトの中で強調したい箇所を，板書よりもはるかに大きく，一瞬で示せるので，クラスの注意を一気に集めることができる。

3．ICTを使うときに気をつけたい点

ここまで述べた通り，ICTを活用すれば，教材管理やマルチメディアによる指導を効率よく行うことができる。それと同時に，ICTを使うこと自体が授業を改善してくれる「わけではない」ことに注意したい。ICTはあくまで，授業やその準備のためのツールであり，それを生かすかどうかは，人である教員の手にかかっている。授業での教材提示を例にとると，ICTのユニークネスは，教材を一瞬で提示したり消したりすることができる動的な操作性にあるが，教授内容を示して児童生徒に考えさせるだけなら板書で十分である。このようなICTに独自の利点をきちんと把握した上で，より良い活用方法を自分の頭で考え続けることが，ICTから恩恵を受けられる条件であると言えよう。

（細田雅也）

Q44 ティーム・ティーチングによる指導のポイントとは？

1. ティーム・ティーチングの定義と意義

　ティーム・ティーチング（TT）とは，（a）学級担任，（b）外国語を母語とする外国語指導助手（ALT），（c）英語の専門知識を持った専科教員（例：中学校の英語教員）を組み合わせた，2人以上の指導者による指導を指す。TTは，児童に（i）豊かな英語のインプットを与え，（ii）英語によるコミュニケーションの機会を与え，（iii）自然な流れで異文化理解の機会を与えることができる点で，効果的な指導形態である。全国の小学校を対象に文部科学省が行った調査（文部科学省，2019）によると，「高学年対象の外国語授業の71.4％でALTが活用されていた」という。このことから，小学校の外国語指導においては，TTが広く実施されていることが分かる。

2. TTにおける各指導者の強み

　TTに携わる指導者の特徴と強みは表6-44-1の通りである。TTにおいては，各指導者の強みを活かして授業を設計・運営することが重要である。

表6-44-1　英語指導における学級担任・ALT・専科教員の特徴と強み

指導者	特徴と強み
学級担任	・児童に適した題材や活動が選択できる（例：他教科連携） ・個々の児童に合わせた指導ができる ・児童とともに英語を学ぶ「良い学習者のモデル」になれる ・児童とALT・専科教員をつなぐことができる ・進行役として，授業全体をコントロールできる
ALT	・本物で自然な英語のインプットを与えることができる ・英語によるリアルなコミュニケーションの機会を与えられる ・児童の英語に対して適切なフィードバックを与えられる ・英語圏の文化について（異文化理解）指導できる
専科教員	・英語教育に関する専門知識に基づく指導が提案できる ・児童へ英語によるインプット・フィードバックを与えられる

（筆者作成）

3. TT で大切にしたいこと

　授業の計画段階においては，学習事項と児童の興味関心を組み合わせた活動を提案することを心がけたい。特にTTの回数が多くない場合には，ALTと児童がコミュニケーションをとる機会（例：インタビュー）を意識して設定するとよい。指導案が完成したら，ALTらと事前打ち合わせを十分に行うことが大切である。特に，授業目的・展開・役割分担・留意点（例：配慮が必要な児童，特に注意して扱う言語項目）は相互に理解しておきたい。

　授業時には，ALTとともに活動や発話を例示するとスムーズに児童が活動できる。また，良い学習者のモデルとして，学級担任が積極的に英語を用いることは，児童を勇気づけることだろう。困っている児童がいる場合には，教師自身が児童の代わりにALTに質問したり，児童の声を拾って全体で問題を解決したりすることも有効である。また，クラスの理解度に応じて，ALTの言葉を繰り返したり，ジェスチャーや簡単な英語で言い換えたりすることも重要である。ALTにトークやインタビューを任せる場面であっても，教具の提示や活動の切り替え，指名など，授業全体の進行は基本的に担任が行う（ただし，状況に応じて柔軟に対応する）。授業後には，ALTと授業をふり返り，改善点や児童の様子を共有することが大切である。

参考文献

遠藤恵利子（2018）．「第3章小学校の外国語授業実践と授業づくり」．村野井仁（編著）『コア・カリキュラム準拠小学校英語教育の基礎知識』（pp. 46-67）．東京：大修館書店．

田中菜採（2018）．「第12章多様な初等外国語教育のあり方」．吉田武男（監修）・卯城祐司（編著）『初等外国語教育』（pp. 145-155）．京都：ミネルヴァ書房．

文部科学省（2019）．『平成30年度「英語教育実施状況調査」概要』入手先 https://www.mext.go.jp/component/a_menu/education/detail/__icsFiles/afieldfile/2019/04/17/1415043_02_1.pdf　2020年1月2日閲覧．

（小木曽智子）

Q 45　ALTとの打ち合わせの仕方とは？

1．ALTとの打ち合わせはなぜ必要なの？

　小学校の外国語科及び外国語活動の授業において，ALTとティーム・ティーチングの授業を行う機会は多く，平成30年度英語教育実施状況調査（文部科学省）によると，小学校高学年の授業においてALTを授業で活用する時数の割合は71.4%と増加傾向にある。学級担任が指導することが多いため，ALTの協力を得ることにより，児童が英語に触れる機会を充実させ，授業を実際のコミュニケーションの場とすることが求められている。

　しかし，教員の空き時間が少なかったり，教員の英語への苦手意識が高かったりすることを要因とし，ALTと十分な打ち合わせをせず，ALTに任せっきりにしたり，単語や英文のリピートだけをしてもらったりするような授業になりがちである。ティーム・ティーチングの授業を効果的に行うことができれば，児童に「英語が使えた！　伝わった！」という成功体験を積ませ，学習意欲の向上につなげたり，英語によるコミュニケーションの楽しさを味わわせたりすることができる。そのためにも，限られた時間の中で，ポイントを絞った事前の打ち合わせが必要不可欠である。

2．ALTといつ，何を打ち合わせするの？

　前述したように，教員は空き時間が少ない。では，いつ打ち合わせをしたらよいのか。ここでは，打ち合わせの手順を「事前」と「当日」に絞って確認する。

（1）事前

　当日より前のどのタイミングで打ち合わせをするかであるが，これはALTの勤務体制による。1日勤務であり，なおかつ定期的に訪問がある場合は，児童の下校後（勤務時間内）に，次時の授業について協議することが望ましい。記憶が新しいそのうちに，その日の授業をふり返ることができ，次時の

授業に繋げやすいからである。また，ALTが時間講師であったり，不定期な訪問であったりする場合は，協議することが難しいため，メール等で後日やり取りすることとなる。

　事前に打ち合わせをする内容としては，次のようなことが重要である。

> ・教科書または教材のどの部分を扱うか。
> ・授業の「ねらい」は何か。主となる言語活動は何か。（具体的な英語で示すとよい。）
> ・ALTが準備しておくことはあるか。ある場合は，具体的に示す。

（2）当日

当日は短時間で，次のことを確認することが必要である。

> ・授業の流れとともに互いの役割分担を明確にする。
> ・ALTに準備を頼んだ場合は，内容を確認する。
> ・（時間があれば）やり取り等のデモンストレーションを行う。

　これらのことをALTと打ち合わせする際には，クラスルームイングリッシュと比べ，やや難しい英語表現が必要となってくる。「小学校外国語活動・外国語　研修ガイドブック」（2017年，文部科学省）には，ALTとの打ち合わせに使える指示や提案などを示す表現がまとめられているので，こちらも活用し，教師自身の英語力向上を図っていきたい。

3．ALTの一番の悩みとは？

　筆者は職務上，ALTの相談に乗ることが多いが，ALTの悩みで一番多く挙げられるのが，「事前の打ち合わせがないこと」である。授業前に授業者との連携が図られ，ALT自身が子どもたちの英語力向上に寄与していることが実感できるような授業が展開されることを期待する。

（西村尚子）

Q46 短時間授業（長時間授業）の在り方とは？

1．学習指導要領における短時間学習

　小学校においては，1単位時間（1コマ）を45分で設定しているのが一般的ではあるが，各学校は1単位時間を何分にするか定めることができる。

　学習指導要領には1単位時間について以下のような記述がある。

> 2017年改訂小学校学習指導要領　第一章　総則　第2　教育課程の編成
> 3　教育課程の編成における共通的事項
> 　(2) 授業時数等の取扱い　ウ　各学校の時間割については，次の事項を踏まえ適切に編成するものとする。
> 　(ア) 各教科等のそれぞれの授業の1単位時間は，各学校において，各教科等の年間授業時間数を確保しつつ，児童の発達の段階及び各教科等や学習活動の特質を考慮して適切に定めること。

　このことから，授業の1単位時間を何分にするかについては，どの程度の時間が最も指導の効果を上げるのかという観点から各学校が決定することができる，ということが分かる。従って，一般的な45分授業を分割した短時間学習や，逆に45分を超える長時間学習を組むことも可能である。

　短時間学習については以下のような記述がある。

> （イ）各教科等の特質に応じ，10分から15分程度の短い時間を活用して特定の教科等の指導を行う場合において，教師が，単元や題材など内容や時間のまとまりを見通した中で，その指導内容の決定や指導の成果の把握と活用等を責任をもって行う体制が整備されているときは，その時間を当該教科等の年間授業時数に含めることができること。

　このことから，短時間学習も年間授業時数に含めることができる，ということが分かる。よって年間70時間の外国語科授業時間のうち，例えば45分授業を週1回，年間35時間分行い，15分の短時間授業を週3回，年間35時間分行うといった組み合わせで70時間分の授業を行うことができるのであ

る。

　しかし，すべての教科において，短時間学習を授業時間に充てることができるというわけではない。

　『小学校学習指導要領（平成29年告示）解説　総則』授業時数等の取扱いには以下のような記述がある。

　短時間学習を授業時数に充てることは，高学年の外国語科においては，週当たり2コマ配当されており，まとまりのある授業時間が確保できるため可能であるが，週当たり1コマしかない中学年の外国語活動においてはまとまりのある授業時間を確保する必要があるという観点から考えると短時間授業での実施は困難である。

　このことから，年間35時間の外国語活動の授業において短時間授業での実施は一般的ではないことが分かる。

　そこで本稿では高学年の外国語科の短時間学習・長時間学習について述べる。

2．外国語科における短時間学習と長時間学習

（1）授業時間設定に際しての留意点
・児童の実態に応じて時間を設定すること
・外国語科の特質を踏まえて設定すること
・単元計画の中に位置づけ設定すること
・授業のねらいを明確にして設定すること
これらのことに留意して短時間・長時間学習を設定する必要がある。

（2）外国語科における短時間授業の設定
　短時間学習のメリットは，短時間の授業を複数回に分けて行うことで，児童が連続的に外国語に触れることができる点にある。外国語に触れる日数が多いと，それだけ定着が図りやすくなると考えられるからである。

　しかし，ただ単に回数を増やせばよいというわけではない。本来45分授業で扱う内容を短時間に分けて行うものであり，目標は変わらないのである。45分授業と同じく，言語活動を行うことを念頭に置いておかねばなら

ない。目的もなく，ただ単語の習得や文字の練習などの単純な反復練習ばかり行うといった指導にならないように気を付けなくてならない。

　短時間授業を行う際は，まとまりのある授業時間との関係を明確にし，互いが補完し合い目標を達成できるような指導計画を立てておく必要がある。

　そのようにまとまりのある授業時間との関係を明確にすれば大変効率良く単元を構成することができると考える。

　短時間学習とまとまりのある時間との組み合わせのパターンは多様に考えることができる。

> 例1　短時間（15分）→短時間（15分）→45分授業→短時間（15分）

　15分間の短時間学習を週3回設定する。最初の2回の短時間学習はチャンツを歌ったり，ゲームなどを通じて単語や表現の学習をしたりするといったインプットを中心とした活動を行う。それに続く45分授業ではそこで慣れ親しんだ表現を用いて十分に時間をかけて言語活動を行う。そして3回目の短時間学習では，音声で十分に慣れ親しんだ表現を文字にして書く活動を行う。

　短時間学習は，それに続く言語活動とのつながりを意識し，目的をもって行わなければならない。

> 例2　45分授業→短時間（15分）→短時間（15分）→短時間（15分）

　15分間の短時間学習を週3回設定する。最初に45分授業を行う。その授業の最後に児童にふり返りカードを書かせる際に，「まだ十分身に付いていないと思うこと」や「もっと知りたいこと」などを記入させる。そして，次の15分間の短時間学習では，計画していた指導内容に加えて，そのふり返りシートをもとに，定着が十分ではない項目を重点的に扱う。また，児童の興味関心に応じて扱う内容を追加してもよいだろう。

　短時間学習を45分授業のフォローと位置付け，児童の実態や興味関心に基づき，指導内容を柔軟に見直すことで，主体的に学習に取り組む態度を養う工夫を取り入れることができる。

　短時間学習は，児童の集中力は長くは持続しない点，外国語科の指導内容はスモールステップで積み重ねて習得していく点においても外国語科との相

性は良いと考えられる。

（3）外国語科における長時間授業の設定

　長時間授業のメリットは，じっくりと活動に取り組むことができることであると考えられる。児童に気づきを促したり，児童から引き出したり，主体的に考えさせたりするような，思考力・判断力・表現力を育成する活動は想像以上に時間がかかるものである。そこで60分間等の長時間授業を設定することで，言語活動に十分な時間を確保することが可能になる。例えば，言語活動を途中で止めて中間評価を行う際には，好ましいパフォーマンスをしていた児童をモデルとしてクラス全体に紹介し，どこが良いのか気づきを促したり，逆に，うまく言えなかった言葉や，言いたいけど言い方が分からない言葉などがないか課題を児童から引き出したり，またどのように表したらよいかクラス全体で考えたり，目的を達成するためにどうしたらよいか児童にじっくりと考えさせたりする時間を確保することができる。さらに，授業の最後には学習のふり返り活動を丁寧に行い，授業時間内で児童間での共有を行ったり，教師からのフィードバックを行ったりすることもできる。

　このように，長時間学習は，児童の気づきを促し，その後の教師の指導改善，児童の学習改善に活かすといった指導を時間面で保障できるという点で外国語科と相性がよいと考えられる。

　短時間学習，長時間学習はそれぞれにメリットがあり，児童の実態や授業のねらいに応じて適切に取り入れることで，指導の効果を高めることができるであろう。そのためには年間指導計画をしっかりと立て，計画的にそして確実に日々の授業を実施することが，大前提となることは言うまでもない。短時間学習，長時間学習ともに，形式だけのものではなく，指導の改善，充実のための一環として必要に応じて設定されるものでありたい。

参考文献

　文部科学省（2017）.『小学校学習指導要領（平成29年告示）解説　外国語活動・外国語編』東京：開隆堂.

（戸井一宏）

Q 47 Small Talk とは？

1．Small Talk は何のための活動か

Small Talk とは，あるテーマのもと，指導者の話を聞いたり，ペアで自分の考えや気持ちを伝え合ったりする活動のことである。主に高学年にて 2 時間に 1 回程度の頻度で，継続的な帯活動として行われることが推奨されており，第 5 学年では指導者の話を聞くこと，第 6 学年ではペアでやり取りをする活動が中心である。その活動の目的は，以下の 2 点である。

（1）習った表現をその 1 回で終わらせない

Small Talk の第 1 の目的は，既習表現を繰り返し使用する場を確保し，定着を図ることである。既に学んだ表現を何度も形を変えながら繰り返し使うことで，児童自身が自分の「言葉」として身に付けていく機会を確保する。

（2）対話を続ける技を身に付ける

Small Talk の第 2 の目的は対話の続け方を指導することである。活動を通して，聞き返す，質問する，賛同する，驚くなど，どういう時にどういう反応の仕方があるのかを知り，実際に使う経験を積み重ねることで，分からなくても自分なりに反応を返し，対話を続けられるようになることを目指す。

2．無理なく始める Small Talk 活動例

ここでは限られた授業時数の中で濃淡をつけながら，帯活動として無理なく Small Talk を継続していくための活動例を紹介する。

（1）ルーティーンの対話をもとにした Small Talk

特別なテーマを用意しなくても，授業の始めに毎回日付や天気についてやり取りをするといった，指導者も児童も慣れ親しんでいる場面を Small Talk として発展させることもできる。例えば天気の質問であれば，T [Teacher]: How's the weather today? C [Children]: It's rainy. T: I don't like rainy days. Do you like rain? など，指導者が質問を返し，やりとりをたくさん続けられるように

していく。

（２）児童に身近な話題で始めるSmall Talk

学校行事，長期休みの前後，季節の行事，スポーツや時事問題などは，児童にとって身近な話題であるため，Small Talkのテーマにすると児童も言いたいことが思いつきやすく，とても楽しいものになる。

（３）ゴールの姿をイメージさせるための導入や練習としてのSmall Talk

何か活動をする際に，そこに向けての準備としてSmall Talkを位置づけることもできる。例えば，①ALTとMy summer vacationについて１分間対話する活動，②My heroについてのスピーチ，③自分が行ってみたい国について紹介するスピーチなどを行う際，ゲーム形式で語彙指導をしながらやり取りをしたり，指導者が実際にモデルを見せ，その内容について児童とやり取りをしたり，①の場合には，ペアで対話練習の時間にすることができる。

３．無理なく続ける上で大切なこと

（１）指導者が長期的な視点をもち，結果をすぐに求めない

Small Talkは，間違いたくないと思ってしまうと何も言えなくなってしまう活動である。正しく言えなくてもいいので，「使えた！　言えた！　もっと言いたい！」という気持ちを児童が持ち続けられるよう工夫したい。

（２）成長していると感じさせる

毎回同じように話を聞いたり対話をして終わるだけでは児童は飽きてしまう。時間の許す範囲で，上手く言えなかった表現の改善策や，友だちの上手い表現を共有して学びを深め，次回積極的にそれを使ってみることで，前回よりも自分が成長したと感じることができ，活動にメリハリがつくだろう。

参考文献

文部科学省（2017）．『小学校外国語活動・外国語研修ガイドブック』入手先　https://www.mext.go.jp/a_menu/kokusai/gaikokugo/__icsFiles/afieldfile/2017/07/07/1387503_2.pdf　2019年12月27日閲覧．

（籠島聡子）

Q 48　絵本の選定と活用方法のポイントとは？

1．絵本を活用する利点

　2017年改訂小学校学習指導要領で，高学年の外国語に「読むこと」と「書くこと」が新たに導入された。中学校での「読むこと」に効果的に接続するために，小学校ではその素地を育成する必要がある。「読むこと」を学ぶ方法の1つとして，絵本の活用が挙げられる。

　絵本を活用することの利点は，良質なインプットを大量に与えられることである。絵本のストーリーの中には登場人物，場面設定，発話等が組み込まれているため，自然な文脈の中で言語を提示することができる。また，わからない単語や表現があっても，絵やストーリー全体の流れから意味を推測することができ，英語を聞いて理解する体験をすることができる。さらに，単語の学習，音声と文字との結びつきの理解，文構造への気付きを促す効果も期待できる。

2．絵本の選定

　まずは指導のねらいやターゲットとなる言語材料を考慮して絵本を選ぶ。特定のカテゴリーの単語（例：色，曜日，動物）を学ぶことがねらいであれば，そのような表現が多く出てくる絵本を選ぶと良い。また，特定の言語材料（例：I can... / I like... / I want...）を扱う単元の副教材的な扱いとして絵本を使用する場合は，同じ表現が何度も繰り返し出てくる絵本を選ぶと，文構造への気づきも起こりやすく，内容を理解しやすくなる。音と文字とのつながりを意識させたい場合は，音の聞き分けやリズム（例：cat-hat / fox-sox）を含む絵本を活用することもできる。

　上記に加えて，絵本の内容を理解したいという児童の動機を高めるために，発達段階や興味・関心に合った絵本を選ぶことも大切である。また，内容を理解しやすいように，児童が持っている背景知識を活用できる絵本を選

ぶこともポイントである。例えば，日本語で読んだことがある絵本や昔話，児童が自分の日常生活と結び付けて考えることができる内容の絵本などがそれにあたる。友情，家族，個性など，児童に考えさせたいテーマが含まれている絵本も，外国語活動の教材としてふさわしいだろう。

3．絵本の活用方法

　まずは絵本の内容を児童が理解できるように読み聞かせを行う。絵本に書かれている文をそのまま読むだけでなく，質問（例：What's this? / How many …do you see? / What will happen next?）を与えたり，児童が理解できる表現で言い換えたりすることによって，原文がやや難しい場合でも理解が可能になる。難しい表現が含まれていても，一語一句日本語に訳すような読み方はせず，イラストやストーリーの流れから意味を推測させたい。内容を理解するために重要なキーワードがあれば，読む前に導入してもよい。

　絵本を何度も読み聞かせ，内容が理解できるようになってきたら，部分読みを行う。例えば，絵本のパートを分けて，教師が一人で読む部分と，児童全員が読む部分とに分ける。特に繰り返し出てくる表現や，児童にとってなじみがある表現などを読ませることができる。絵本に十分に慣れ親しんだ後で，最後になぞり読みを行う。例えば，音節数の少ない単語（例：red, bed, pet, cat）を指でなぞり，推測しながら読ませることができる。

参考文献

リーパー・すみ子（2008）．『アメリカの小学校ではこうやって英語を教えている』東京：径書房.

松本由美（2017）．「小学校英語教育における教材用英語絵本選定基準の試案：絵本リスト作成に向けて」『玉川大学リベラルアーツ学部研究紀要』第10号，7-16.

（木村雪乃）

Q 49　歌やチャンツの活用方法とは？

1．歌やチャンツの利点

歌やチャンツを用いることの主な利点は以下の通りである。

（1）動機づけ

英語を学び始めたばかりの児童にとって，歌やチャンツは学習であること
を意識せずに楽しく英語を学ぶことができる学習法である。特に年齢が低い
ほど，体を動かしたり，手拍子をしながら歌うことに抵抗が少ない傾向にあ
るため，早い段階から歌やチャンツを取り入れるとよいだろう。また，授業
開始のウォームアップとしても活用することができる。

（2）単語や表現の学習

単語や表現を繰り返し発話するだけの練習に比べて，チャンツや歌は飽き
ずに何度も歌えるため，語彙や表現の定着を期待できる。言語活動で使う表
現をチャンツや歌の中で繰り返し練習するとよい。

（3）英語らしいリズムの習得

歌やチャンツは音節がリズムにのっているため，自然な英語のリズムを体
得しやすい。特に，メロディーがなく，リズムのみでチャンツを行う場合，
英語のリズムをより意識することができる。例えば，日本語と英語で音が同
じ単語でも，強勢や音節数が異なることに気づかせたい。

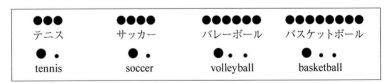

図6-49-1　日本語と英語の強勢・音節数の違い

（筆者作成）

２．歌やチャンツの活用方法

（１）聞く活動

　初めて導入する歌やチャンツの場合，歌やチャンツの中にどのような表現が出てきたかを聞きとらせると「聞く活動」になる。例えば，好きなスポーツを言うチャンツを聞く時に，"What words can you hear?" とたずねて，児童が答えた絵カード（例：tennis, soccer, basketball）を黒板に貼っていく。

（２）練習

　（１）で提示した絵カードを指さしながら，歌える部分を中心に歌っていく。はじめは部分的にしか歌えなくても，何度も歌ううちにリズムに乗って歌えるようになっていく。チャンツの場合，速度を変えたり，手拍子を付けたりするなど様々なパターンで練習を繰り返すことができる。

（３）話す活動

　意味のある言語活動に近づけていくためには，児童が自分自身にあてはまる部分だけを歌うようにするとよい。例えば，児童によっては "I like tennis." の部分は歌うが，"I like basketball." はあてはまらないので歌わない，というようにすれば，自分の言葉で「話す活動」につながっていく。

（４）読む活動

　歌やチャンツの音声に十分に慣れ親しんだ後で，歌詞を文字で提示すると「読む活動」にもつながる。音声で理解していたものを文字で見ることによって，音と文字の結びつきに気付き，読みの擬似体験になる。

参考文献

田中真紀子（2017).『小学生に英語の読み書きをどう教えたらよいか』東京：研究社.

（木村雪乃）

Q 50　思考・判断・表現を伴う活動とは？

1．外国語科で思考・判断・表現するとは？

　外国語科で身に付けさせたい「思考・判断・表現する力」は，コミュニケーションを行う目的や場面状況などに応じて，身近で簡単な事柄について自分の考えや気持ちなどを伝え合うことができる基礎的な力である。子どもたちが知識・技能を身に付けながら，さらに一歩進めて伝えたい内容を整理し，自分の考えや気持ちを伝え合う力を育てることを目指す。聞いたり話したりといった音声でのやりとりに加え，音声で十分に慣れ親しんだ語句や表現を推測して読んだり，語順を意識しながら書いたりすることも思考・判断・表現することに含まれている。

（1）相手が伝えたい内容について既習を生かしながら推測する力（思考）

　外国語教育では，相手の言っていることが十分に分からない場面が多くある。だが，そのような場面で「伝えたいことは○○ということかな」と推測しながら理解しようとする力が必要となる。教師は，言葉がどのような場面で使われるかを意識して英語を聞かせ，理解させていく活動を仕組むことが求められる。ジェスチャーや絵などの視覚資料を使って，子どもたちが推測しながら理解していく活動を多く取り入れたい。

（2）場面や状況にあわせて言葉を選び取り，使い分ける力（判断）

　判断する力とは，子どもたちが場面に合わせて言葉を選びとり，情報を整理しながら伝えようとする力を意味している。例えば欲しいものを伝える場面において，「欲しいと伝える時にはI want... だったな。please もつけて言ってみよう」「I want... で伝わるけど，I'd like...だともっと丁寧な表現だな」といった具合に子ども自身が考えて言葉を選びとる力を育てるのである。既習を活かし，状況に合わせて考え言葉を使い分ける場面をつくりたい。

（3）基本的な語句や表現を用いて自分の考えや気持ちを表現する力（表現）

　表現する力は，自分の考えや気持ちを伝え合う場面で発揮される力である。思いをどのようにアウトプットすれば伝わるのか，やり取りを通して身

に付ける必要がある。他者に伝わりやすい内容構成を考えたり，語順を意識しながら書いて伝えたりするなど，様々な活動を通して表現方法を学んでいくことが必要である。

2. 自分なりの思いをもたせて伝え合う活動をしよう

　例えば，I want to go to... の表現を使って行きたい国紹介をする単元では，教師が海外に行った時の写真を見せながら，海外の行きたい国について英語で紹介し，話を推測しながら聞かせる。そして，次の夏休みに学級で世界旅行にいけるとしたらどこに行きたいか考えてみようと子どもたちに投げかけ，様々な国の有名な場所や食べ物，その国でできることを紹介し，子どもたち自身が行きたい国への思いを伝えられるように表現練習をする。そしてWhere do you want to go? I want to go to... を用いたインタビュー活動やスピーチ活動を行い，お互いの思いを伝え合う活動を行う。また，学級に大きな世界地図を用意し，行きたい国とその理由の一文を書くメモカードを用意して子どもたちがやりとりをしたのちにそれらを貼り，クラスのオリジナルマップをつくる活動をする。子どもたちは，私だったらという思いをもつことで，英語で表現をすることにより意欲的になる。その思いを伝え合う楽しさを味わえる活動を実践することが大切である。

図6-50-1　自分で行きたい国を選び紹介するスピーチ活動（筆者撮影）

参考文献

文部科学省（2017）．『小学校学習指導要領（平成29年告示）解説　外国語活動・外国語編』東京：開隆堂出版.

（荒井和枝）

Q 51　クラスルームイングリッシュとは？

1．クラスルームイングリッシュとは？

　授業では，積極的に英語を使って指示や質問を行いたい。その際に使う英語のことをクラスルームイングリッシュという。文部科学省の『小学校外国語活動・外国語研修ガイドブック』には，挨拶からほめ方・励まし方まで，場面ごとに様々な表現が文例としてまとめられており，参考になる。ここではクラスルームイングリッシュを使って英語で授業を行う際の考え方や注意点と，よく使われる文例を簡単にまとめた。

2．いつ何を英語で言うのか，自分の軸を持って使う

　英語使用に抵抗がなければ，児童の理解度に合わせて自由に英語を使って授業を進められるが，そうでない場合，毎時間とにかく英文をすべて丸暗記して授業を行うのは指導者にとってあまりに負担が大きい。その場合には，ここだけは必ず英語で進めようという自分なりの軸を持って臨むと気が楽になる。児童も初めは英語で何と言われているのか分からなくても，ジェスチャーや場面，毎回の流れでなんとなく理解していくようになる。その流れを作るためには，まず挨拶や授業の始め方，終わり方といったお決まりのパターンが定着しやすい場面から英語で行い，少しずつその割合を増やしていくとよい。

3．日本語は使ってはいけないのか

　"Be quiet, please!" と何度も大声で叫ぶよりも，「友達の発表だよ，静かに聞こう！」と1回言う方が静かになる，といったような場面は授業の中で多々ある。生徒指導的な場面に限らず，何かを説明する場面でも，そういう場合では無理に英語に置き換える必要はなく，実情に合わせて，自分の中に軸を持ちながら，英語と日本語での指導を使い分けたい。

4．1回目の授業（授業開き）を大切に

　学年の最初の授業，学期の最初の授業など，1回目の授業というのは，児童との約束を（再）確認する上で逃してはならないタイミングである。なるべくたくさん英語を使い，英語の授業は英語で行うのが当たり前という雰囲気を作り，指導者の言っていることがもし聞き取れなくても，ジェスチャーや友達の反応などをよく見て，何を言っているのか推測しながら聞くことは，リスニング力をつける上で非常に大切である。こういったことはこのようなタイミングでその都度児童に伝え，確認し合いたい。そうすることで，指導者がクラスルームイングリッシュを使って授業を行う土台固めになり，その後の授業を英語で進める上で大きな助けとなる。つい日本語が多くなってしまうなと感じている場合は，こういった機会を上手く活かして，仕切り直しをするとよい。

5．初めての活動やゲームをするときに気を付けたいこと

　気を付けたいのが，初めて行う活動やゲームのやり方，ルールを説明する時である。この時ばかりは相当念入りに準備をし，言葉を選んで英語にしておかなければ，指示やルールが行き渡らず，時間が足りなくなったり，ゲームはぐちゃぐちゃ，児童は勝ち負けで大揉めということになったりしかねない。難しい表現を使う必要はないが，必要に応じて板書や図，絵などを使いながら，簡潔にクリアに児童がすべきことを伝え，必要であればモデルを見せ，手順を丁寧に説明し，最後に理解できたかを確認すると，英語の指示だけでもスムーズに活動を進めることができる。

6．クラスルームイングリッシュの具体例

　授業で毎回使うクラスルームイングリッシュは，自分のパターンをある程度決めておくと，児童も意味を推測しやすくなる。以下，よく使う表現を簡単にまとめた。指示を出すときには文頭や文末にpleaseを加えて使う。

（1）授業の始めに行うやり取り

Teacher (T): Good morning, everyone. How are you today?

Children (C): I'm fine, thank you. How about you?

T: I'm ○○, thank you.

（2）日付や天気，欠席者などを確認する

T: OK. Let's check four questions. What day is it today?

C: It's Monday.

T: What's the date today?

C: It's January 22nd.

T: How is the weather today?

C: It's sunny.

T: Who is absent today?

C: ○○ is absent.

（3）活動をする際の指示

・ゲームをしましょう。	Let's play a game.
・準備はいいですか？	Are you ready?
・机の上のものをしまいましょう。	Put away your items in your desk.
・ペア/4人グループになりましょう。	Make pairs. / Make groups of four.
・お互い向き合いましょう。	Face each other.
・じゃんけんで始めましょう。	Let's start with rock, scissors, paper!
・時間です。	Time's up!
・終わったら座りましょう。	When you're finished, please sit down.
・自分の席に戻りましょう。	Go back to your seat.
・手を挙げなさい。	Raise your hands.
・手を下ろしなさい。	Put your hands down.
・勝った人？	Who won?
・Aグループの勝ちです。	Group A is the winner.
・プリントに名前を書きましょう。	Write your name on the worksheet.

（4）教科書を使う際の指示

・教科書〇ページを開きましょう。　　Open your textbook to page 〇.

・注意をして聞きましょう。　　Listen carefully.

・やってみたい人？　　Any volunteers?

・このページで〇〇を探しましょう　　Find 〇〇 in this page.

・〇を丸でかこみましょう。　　Circle the 〇.

（5）授業の終わり

・今日はここまで。　　That's all for today.

・何か質問はありますか？　　Do you have any questions?

・それではまた次回（来週）。　　See you next time (week).

（6）児童にかけることば

・よく頑張った！　Nice try!　　　　・その通り！　That's right!

・焦らなくていいよ。　Take your time.　　・いい考えだね。　Good idea.

・やればできるよ！　You can do it!　　・心配しないで。　Don't worry

・（彼/彼女）に拍手しましょう。　Let's give (him/her) a big hand.

・素晴らしい！　Wonderful! / Excellent! / Fantastic! / Super! / Perfect!

（7）児童が使用することもできることば

・もう一度お願いします。　　One more time, please.

・もう少しゆっくりお願いします。　　More slowly, please.

・すみません。質問があります。　　Excuse me. I have a question.

・私の勝ちです！　I won!　　　　・私の番です。　It's my turn.

・ヒントをください！　Hint, please!　　・終わりました。　(I'm) Finished.

・はいどうぞ。　Here you are.　・どういたしまして。　You're welcome.

参考文献

文部科学省（2017）.『小学校外国語活動・外国語研修ガイドブック』入手
　　　先　https://www.mext.go.jp/a_menu/kokusai/gaikokugo/__icsFiles/
　　　afieldfile/2017/07/07/1387503_3.pdf　2019年12月27日閲覧.

（籠島聡子）

Q 52　他教科と連携した指導とは？

1.　はじめに

「2017年改訂小学校学習指導要領　第2章　教科編　第10節外国語　第2 3（1）オ」には以下の記述がある。

> 言語活動で扱う題材は，児童の興味・関心にあったものとし，国語科や音楽科，図画工作科など，他の教科等で児童が学習したことを活用したり，学校行事で扱う内容と関連付けたりする等の工夫をすること。

　つまり，外国語による言語活動を児童が主体的に行うためには，扱う題材や内容にいかに深く関わりがもてるかが非常に大きな鍵となる。そこで，外国語活動や外国語科で扱う題材や内容を児童の認知発達段階と一致させることで，英語力とその内容に関する知識・技能や，それを活用する思考力・判断力・表現力を一体的に伸ばすことができると考える。つまり，カリキュラム・マネジメントの視点から，教科等間での学びのつながりや広がり，深まりがあるものとなるようにすることが重要である。

　英語（本来「外国語」であるが，学習指導要領にも「英語を履修することを原則とする」とされているため，以後「英語」と記す）でのコミュニケーションを通して，自分の考えを整理したり深めたり，友だちと意見交流を通して，新たな気付きを得たり，自分の考えを再構築したりするための題材として，他教科等の学習や学校行事等の内容と関連付けることで，児童は英語や題材をより身近なものとしてとらえることができ，豊かな言語活動が可能となる。つまり，学びが連動し合って児童自身のものとなる。子どもが知っている言葉や知識で物事を考え，相手意識をもって伝えようとするようになるためには，子どもが，英語を含めたこれまでの学びで得た知識を使いながら学び，学びながら使っていくことが必要である。さらに，新しい何かを学ぶために英語で得た情報を，言語（日本語や英語）を使って思考し，他者と

やりとりする中で，知識内容を深めたり思考を整理したりまとめたりすることで，横断的に「知識・技能」，「思考力・判断力・表現力等」，「学びに向かう力・人間性等」が育成できると考える。

　例えば，下記に示す英語科授業では，国語科で実施した「意見を述べ合う」言語活動でのやり方を英語科でも想起させながら話し合い活動に取り組ませている。このようなことから，英語科固有の資質・能力と教科の枠をこえた汎用的な能力の両輪から資質・能力を育て，目指す子どもの姿に迫りたい。

2．授業実践の一例

（1）単元　The Water Cycle - Where does the Water Come from and Go? -
（2）実施学年　広島大学附属小学校　第4学年
（3）単元について

　これは広島大学附属小学校での実践例である。本校では，第1・2学年で英語活動，第3学年から第6学年で英語科として教科で実施している。

　児童は第3学年時に，社会科の授業で主に広島市に焦点を当てて学習をしている。広島市の様子はもちろん，スーパーマーケットで働く人々の思いから，単元の終わりにオリジナルスーパーマーケットを考え，アピールポイントをクラスで紹介し合う活動等を通して，地域に対する考えを深めている。また，養殖の学習では，瀬戸内海の漁師さんが山へ植林をするのはなぜか等を考えたりして，社会的な概念から生産者の思いをとらえている。

　第4学年前期では，広島県に範囲を広げ，生活に欠かせない水道や電気，ゴミ，広島県の特産品について学習が進められている。このことから，循環型社会について考えを深めたり，また普段無意識に使用している水の使途とその量がどれだけ恵まれたものなのか，家庭や学校では水がたくさん使われており，1人1人が水を大切にするために何ができるか具体的に考えたりしている。

　また，「総合的な学習の時間」では，世界には水に恵まれない地域があること，その課題を解決するためにその国自身も取り組み，様々な企業や団体が支援していることを伝えて，節水チャレンジへの意欲を高め，水を大切に使うためにどんな工夫ができるかを話し合う。さらに水だけにとどまらず，地球

上にある限られた資源をどのように使えばよいかについても考えを出し合う。

「特別の教科　道徳」では，「このままにしていたら」（どうとく4　きみがいちばんひかるとき）との関連で，実際にごみを減らし，資源を利用するための取組みや規則にどんなものがあるかを確かめさせた上で，これらの取組みに協力したり，規則を守ったりすることが共生や環境の保全に適うことに気付かせ，実践を促している。

小学校段階では，生活の中で起こる身の回りの事象に関心をもち，たくさんの英語表現に触れさせていく。また，言語や文化に関する知識・技能を獲得してから使用するというよりは，実際のやりとりを通して言語を使用する中で，より適切で正しい表現に気付き，獲得していくという学習のプロセスを大切にする。また，コミュニケーション能力育成の観点から見て，やりとりの全てを理解するのではなく，理解できる単語や前後の文脈から会話の内容を類推・理解し，反応する力を身に付けることが必要であると考える。

（4）本単元で育てたい資質・能力

資質・能力	知識及び技能	思考力・判断力・表現力等	学びに向かう力・人間性等
本単元におけるゴールや言語活動	・水のサイクルや資源の利用に関して自分が知り得た限られた情報や自分が地域社会に貢献できることについて英語でどのように言うか知る。（特に【聞くこと】【やり取り】【発表】【読むこと】）	・教師や友だちが話す英語を聞き取り，情報や考えを理解することができる。 ・すべての英語表現がわからなくても，何を伝えようとしているのか状況や前後の関係から推測し，理解しようとする。（特に【聞くこと】【やり取り】【発表】）	・水のサイクルや資源の利用に関して知り得た情報や自分が地域社会に貢献できることを教師や友だちと進んでやりとりをしようとする。 ・相手にわかりやすく情報や考えを伝えるために，非言語手段を補助的に用いる等，自ら工夫することができる。（特に【聞くこと】【やり取り】【発表】【書くこと】）

（5）本単元の指導計画

第1時	絵本の読み聞かせを聞き，水に関連する色々な語彙を知る。（第3時までは，帯活動で行う。）
第2時	The Water Cycle の基本語句・表現について英語で知る。
第3時	自分達の生活の中で水がどこからやってきて，どのように使われているのかを英語で知る。自分達にできることを考え，節水チャレンジを英語で作成する。
第4時	自分の家庭や地域社会で水がどのように利用されているのか，ALTに伝える。
第5時	身近な資源の利用について気づいたことを教師や友だちと英語でやりとりしたり，分類したりする活動を通して，自分達が地域社会や家族のために，どんな貢献ができるかについて考える。

| 第6時 | 自分達の生活の中で様々な人と共生するために，何が必要かを考える。（総合的な学習の時間） |
| 第7時 | 自分や周りの人達の生活をより良くするための考えを英語で伝え合う。 |

（筆者作成）

3．授業実践における成果と今後の課題

　本時の評価規準を「身近な資源の利用に関して自分が知り得た情報や自分が地域社会に貢献できることを英語でやりとりしたり分類したりする活動を通して英語の言語形式に慣れ，自分達の考えを，伝え合うことができる」とした。

　授業では，子どもは自分たちが環境や限りある資源を守るためにどのようなことができるか，英語で伝え合った。その際に，各自が考えることをそれぞれ述べ合うだけではなく，5Rs（Refuse, Reduce, Reuse, Recycle, Repair）の5つの選択肢を用いて，自分の考えがどれに分類できるかを話し合った。すなわち，自分の考えや情報を表す単語・英語表現を覚えて，理解して伝え合う活動を行うとともに，他の子ども達との意見のすり合わせを行い，分類の観点について妥当であるかを判断したり，他の子どもと違った分類を提案したりする等，創造的な活動へと発展していくのが見て取れた。

　このように，他教科と連動した指導では，授業内で思考したことを，伝える目的，伝える内容，伝える手段，伝える相手をそれぞれ意識しながら英語でやり取りすることがより明確になる。単に覚えた単語や英語表現を繰り返すだけではなく，自分の考えをまとめ，相手がよく理解できるように表現や情報提示順序を工夫し，さらに自分の意見に対する理由づけを考えることで，論理的な表現活動が可能となる。さらに，自らの考えを他者と比較・分類したり，地域の人々や国民の生活と関連付けたりすることにより，知識，理解，スキルがより深いものになっていくことが期待される。

　今後の見通しとしては，授業内に取り込む教科専門内容が子ども達の発達段階や興味・関心に合致したものではあるが，難しすぎて基礎的な言語の知識・理解の学習を侵食していないか留意する必要がある。

（西原美幸）

Q 53　絵カードを作る際の留意点とは？

1．絵カードの必要性について

　「小学校で行う外国語の授業で使用する教具は」と聞かれて，真っ先に思い浮かべる物の1つとして絵カードが挙げられる。実際，絵カードを授業で使う頻度は高く，児童の理解や気付きを助ける有効な教具であると言える。しかし，絵カードの内容を精査しないまま準備すると，学習者である児童に混乱を与えてしまう可能性がある。そこで，ここでは，外国語の授業において必要不可欠である絵カードを作る際の留意点を確認する。

2．枚数・サイズについて

　絵カードの枚数は，児童の過度な負担にならないように，その時間に必要な物を用意し，提示することを心がけたい。これは，用途によっても変わってくるが，児童に示した絵カードをそのまま板書に残す場合は10枚程度，フラッシュカードとして使用する場合は15枚程度が適量と考える。

　次に，サイズについては，教室後方の児童にもはっきり見えるサイズ（できればB4サイズ以上）で準備する必要がある。絵カードは，テレビ画面等で一時的に示すICT教材とは違い，提示したものをそのまま板書に残せるという利点がある。枚数とサイズに留意し，効果的に活用したい。

3．イラストについて

　提示するイラストについても，熟考が必要である。インターネット等を活用して素材を集める際に，著作権に留意することは言うまでもない。イラストと写真のどちらかを使用するのかについても，学習内容や単元ゴールのイメージを明確にし，適したものを選択したい。中でも，最も留意すべき点は，示すイラストが単数か複数かという点である。単数と複数の言い方の違いに気付かせたい場合は，同じ素材の単数と複数の絵カードを用意し，イラ

ストと音声を比較させながら，児童の気づきをもとに学習を進めるとよい。逆に，提示する絵カードのイラストがカードによって単数であったり複数であったりすると，絵カードとして示しているものと表現している言葉が合致せず，学習者に混乱を与えてしまう可能性がある。さらに，野菜や果物等のイラストについて，素材そのものにするのか，カットやスライスなど加工された形のものにするのかについても十分な検討が必要である。例えば，オリジナルピザを作る学習活動を設定した場合，ピーマンそのもののイラストよりも輪切りになったピーマンのイラストの方がより活動に適している。以上のことから，絵カードを使った活動を行う際には，絵カードを使う目的と活動のイメージを明確にし，児童が混乱なく学習できるイラストで絵カードを準備する必要がある。

4．文字について

　絵カードに文字を併記する方がよいかどうかは，学年に応じて目的が異なる点に留意することが大切である。中学年では，文字に慣れ親しませるという目的でよいが，文字を読んだり書いたりすることが求められる高学年では，文字の提示は必須と言える。その際には，文字の示し方が重要になる。まず，フォントについては，児童が実際に読んだり書いたりする際に親しんでいる形のものを使用したい。Aの小文字を例に挙げると，「a」や「ɑ」，「*a*」のようにフォントによって字体が大きく変化する。普段児童が読んだり書いたりしている文字の形に近いのは「ɑ」である場合が多いので，「ɑ」を使うことで児童の混乱を防ぐことができる。一方で，発音の支援としてカタカナを併記することは必要ないと考える。絵カードのイラストと文字を効果的に活用し，児童が聞き取る音をもとに聞いたり話したりする学習につなげていきたい。次に，絵カードとはいえ，英語を併記する場合は，4線の上に書かれた文字で示したい。赤や青で示される場合が多い上から3本目の線（以下，「ベースライン」とする）を基準に，イラストとともに慣れ親しむことで，学習効果も高まると考える。4線全ての提示が難しい場合は，ベースラインだけでも書いて文字を示すことを心がけたい。　　　　　　（岩本浩司）

Q 54 黒板等に文字を提示することの是非と留意点とは？

1．つい，やってしまいがちなこと

　小学校外国語活動を経験していない世代の先生方にとって英語の授業といえば，初めて英語を学んだ中学校の授業の印象が強いのではないだろうか。そこでは，新出文型やその解説など，重要事項が板書されることが多かっただろう。学習指導要領の方針に沿った授業づくりに努力を惜しまない先生方が多い中，「自分が教えられたように教える」という授業を展開することも時にはあるだろう。ところが，小学校外国語活動や外国語科の授業において，指導者がチョークで文字を書いて解説するような展開は，教科・領域の目標・内容にそぐわない。これは，外国語活動を経験してきた世代の先生方でさえも，様々な学習形態の中でも特に知識習得型の授業場面を思い出して，ついやってしまいがちな板書行動である。

　たしかに，他教科の学習においても，文字を用いて学んだ知識を整理することは重要なことであり，児童の学力向上や主体的に学びに向かう態度の育成につながっている。児童が「言いたいことを英語で表現できない」，「音声で提示した語句や表現に慣れ親しむことに苦戦している」場面に遭遇したとき，打開策として黒板に英単語や英文を書いて解説していないだろうか。その前に，「ちょっと待った！」と自分に言い聞かせよう。ALTが同様にしていたら，英文の板書をする代わりに，母語話者の発音を繰り返し聞かせてもらう。児童が理解できない表現は，児童が必要感をもって主体的に聞く絶好の機会ととらえ，繰り返し聞かせる。それにより児童の思考を十分に働かせ，児童自ら理解できなかったことに気付かせるようにしたい。

　2017年改訂小学校学習指導要領において，高学年外国科で「書くこと」が新たに加わり，板書に文字を提示する機会が増えることが予想される。その際にも，単元（授業）導入時にいきなり文字を提示するのではなく，音声

を聞いて児童が考え，気付き，実際に話して使ってみるという段階を経た上で板書に文字を提示したり，意識を向けさせたりすることが大切である。

2．文字はひとつの「かたまり」として見る

文字の提示や板書が全面的に禁止されているわけではない。外国語活動において，文字は「音声を補助するものとして」取り扱うとされてきた。

中学年では，歌やチャンツ，絵本の読み聞かせなどを通して，音声を聞く活動を充実させ，イラストや写真を見て音声を産出できるようにする。次の段階として，提示するイラストや写真にさりげなく文字を添えて，文字に関心をもたせる状況を作り出す。アルファベットの大文字や小文字の学習が進めば，自ずと文字への関心が高まるだろう。アルファベットや文字付きの絵カードを黒板に掲示することで，児童が文字に興味を示し，文字への慣れ親しみが期待できると指導者が判断するならば，積極的に掲示してよいだろう。

高学年では，イラストや写真よりも文字の存在をより一層意識できるような教材提示を工夫する。卒業間近になれば，文字のみのカードを操作するような活動も負担なくできるようになるだろう。ただし，文字の綴りを分析的に考えさせるような扱いではなく，英単語を「ひとかたまり」として扱い，黒板や大型テレビ等に提示することが大切である。さらに，英語の文字を書く初期指導となる「4線上に書き写す」，「例文を参考に書く」などの活動においては，日本語とは違う英語（英文）表記の特徴やきまりを丁寧に指導することが必要である。「書くこと」の基本が明確に分かる板書が，この場面においては必要になるだろう。

参考文献

文部科学省（2017）．『小学校外国語活動・外国語研修ガイドブック』入手先 http://www.mext.go.jp/a_menu/kokusai/gaikokugo/1387503.htm 2019年12月20日閲覧.

（田山享子）

Q 55 国際理解教育とは？

1. 国際理解教育の定義

　国際理解教育とは，どのような教育だろう。端的に述べれば，グローバル社会において，異なる文化や国々の人々と共に生きるための資質や能力を育てる教育である。より具体的に，育てたい資質や能力として，以下の3つを挙げることができる。1つ目に，自分と異なる文化への理解である。自分が常識とする文化が，他の人にとっては必ずしもそうではないことを知り，様々な価値観や考え方を受け入れることは，グローバルに生きる力の最も大切な基礎になる。2つ目に，自分が世界と「つながっている」意識を育てたい。世界の諸問題は遠い国の他人事ではなく，同じ地球の上で起きている自分に関係する問題であることに気づかせ，自分たちに何ができるのかを考えさせたい。3つ目が，平和と安全を希求する心である。国際理解の大切な目的の1つが，異なる人々，国々が安心して共存できる世界の実現である。平和で安全な世界の実現に向けた課題や解決策を児童に探求させることも，国際理解に向けた心を育てる重要な指導である。

2. 外国語の授業で国際理解を扱う意義

　それでは，このような国際理解教育を外国語（簡単に英語とする）の授業で扱うことに，どのような意義があるのだろう。まず，英語によるコミュニケーションに関わる点として，世界の異なる文化や価値観を理解したり，世界規模の課題や諸問題について知ったりすることは，コミュニケーションの背景にある，物事への見方や考え方を身に付けることにつながる。

　また，英語の授業ではALTと連携した指導を行える。日本とは異なる文化，習慣，課題を，ALTの言葉で児童に届ければ，テキスト以上のリアルさや臨場感をもって理解させることができるだろう。さらに，今まさに世界で起きている事柄を扱うことは，英語を真正性の高い（authentic な）文脈で学

ばせることにもつながる。これによって，英語の授業への動機づけが高められるかもしれない。

　ただし，扱う内容が英語圏だけに偏らないように注意したい。英語の授業では，必然的に欧米圏の題材が多くなるが，他にも発展途上国の課題や，アジア圏の事情等を積極的に取り入れ，児童に広い視野を与えていきたい。

3．国際理解教育の指導例

　国際理解教育は，プロジェクト型の学習や，プレゼンテーションととても相性が良い。例えば，児童どうしで各国の生活文化について調べさせ，その成果を発表，共有させることを通し，お互いに異文化への理解を深めさせるといった活動が考えられる。

　また，社会科と関連づけて行うと，それぞれの教科で学んだ内容を生かして，国際理解を深めさせられるだろう。例として，世界の経済格差について社会科で学んだタイミングで，外国語の授業では経済問題について，グループで調べさせ，英語で発表させたり，話し合わせたりすること等が考えられる。

　さらに，単元で導入する言語材料と関連づけることもできる。例えば，"Where do you want to go?"がターゲットの単元では，旅行したい国の観光地や食文化，音楽文化等を調べさせ，グループツアーの計画を立てさせる課題が考えられる。その成果でポスター発表を行わせれば，他の児童とインタラクションをとらせながら，様々な国々への理解を深めさせることもできる。

参考文献

日本国際理解教育学会・藤原孝章・石森広美・今田晃一・多田孝志・中山京子・
　　森茂岳雄（編集）(2010)．『グローバル時代の国際理解教育—実
　　践と理論をつなぐ—』東京：明石書店．

（細田雅也）

Q 56 「CAN-DO リスト」とその利用とは？

1. 「CAN-DO リスト」形式による学習到達目標

　「CAN-DO リスト」とは，「はっきり話されれば，短いメッセージやアナウンスの要点を聞き取ることができる」というように，「（英語を使って）〜することができる」という形で言語能力を記述した文（ディスクリプタ）のリストである。「『CAN-DO リスト形式』による学習到達目標」等の文脈で使用されることが多い。この用語が日本の中学校，高等学校の英語教育において一般的に使用されるようになったのは，2011年に文部科学省の有識者検討会（外国語能力の向上に関する検討会）が「国際共通語としての英語力向上のための5つの提言と具体的施策〜英語を学ぶ意欲と使う機会の充実を通じた確かなコミュニケーション能力の育成に向けて〜」（審議まとめ）の中でこの用語を用いてから以降のことである。以下に示す「提言1. 生徒に求められる英語力について，その達成状況を把握・検証する」が当該部分である。

> 　多くの学校では，学習指導要領に基づく授業が行われている一方，一部の学校では，文法・訳読中心の授業，高校入試や大学入試の対策に特化した授業などが行われているとの指摘がある。中・高等学校では，各学校が，学習指導要領に基づき，生徒に求められる英語力を達成するための学習到達目標を「CAN-DO リスト」の形で具体的に設定することにより，学習指導要領の内容を踏まえた指導方法や評価方法の工夫・改善が容易になる。また，各学校が，学習指導要領の目標を地域の実態や生徒の能力に応じて具体的な目標に設定し直すことにより，すべての子どもたちの英語力の水準向上に資するだけではなく，グローバル社会に通用するより高度な英語力の習得を目指すことも可能となる。さらに，小・中・高等学校で一貫性のある学習到達目標を作成することにより，小・中・高が連携した英語教育の実現も可能になる。

　この提言では，各学校が「『CAN-DO リスト形式』による学習到達目標」を設定することのメリットが3つ挙げられている。1つ目は，学校として，英語の授業の目標を「生徒に英語で何ができるようにさせるのか」という視点から捉え直すことができるという点である。これにより学校は，文法を

「コミュニケーションを支えるもの」として言語活動と関連づけて指導する必要性を明確に認識でき，いわゆる「教科書を教える」から「教科書で教える」への視点の転換という，英語教育の古くも新しい課題に組織として計画的に取り組むことができるようになる。2つ目は，学習指導要領に示された目標に生徒たちを到達させる過程において，各学校が独自に目標を具体化することで子どもたちや地域の実態に応じたカリキュラム・マネジメントが可能になるという点である。2017年改訂小学校学習指導要領及び中学校学習指導要領，2018年改訂高等学校学習指導要領より，外国語活動（英語），外国語科（英語）及び英語科の各科目においては，5つの領域（「聞くこと」，「読むこと」，「話すこと（やり取り）」，「話すこと（発表）」，「書くこと」）に基づいて「CAN-DOリスト」のような形で目標が示されている（例：～できるようにする）。例えば，これらの目標を踏まえつつ，各学校では，学校目標や他教科の学習内容あるいは学校行事等で扱う内容と関連付けながら学年ごとの学習到達目標を「CAN-DOリスト」の形で具体的に設定する。3つ目は，小学校，中学校，高等学校という校種を越えた英語教育の連続性を高めることができるという点である。上でも述べたように学習指導要領の改訂により，外国語活動（英語），外国語科（英語）及び英語科の各科目の目標は「CAN-DOリスト」のような形で領域別に系統立てて整理された。この意味では，制度面では英語教育の連続性は以前よりも高まったと言える。そして現在，実質面における「子どもたちの英語学習の連続性」を高めることが目指されている。例えば，学校で作成した「『CAN-DOリスト形式』による学習到達目標」を教員間で学年を越えて共有したり，学習のめあてとして教員と児童生徒で共有したり，同一学区内・近隣の校種の異なる学校同士で共有したりする等，中・長期的な視点に立った指導改善の試みが進められている。

2.「CAN-DOリスト」形式による学習到達目標の作り方

　図6-56-1に示すとおり，「『CAN-DOリスト』形式による学習到達目標」は，「学習指導要領の領域別の目標」と「各単元の指導目標」をつなぐ役割を果たすものである。

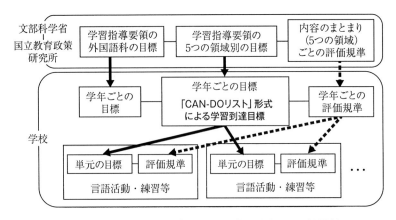

図6-56-1 「CAN-DOリスト」形式による学習到達目標の位置付け
（2019年11月25日全国指導主事連絡協議会配布資料をもとに筆者作成）

　文部科学省が2013年に作成した「各中・高等学校の外国語教育における『CAN-DOリスト』の形での学習到達目標設定のための手引き」は，「学習指導要領の領域別の目標」，「『CAN-DOリスト』形式による学習到達目標」，「各単元の指導目標」を以下のように例示している（一部，筆者加筆）。

〇2008年改訂中学校学習指導要領における「読むこと」に関する目標
　・英語を読むことに慣れ親しみ，初歩的な英語を読んで書き手の意向などを理解できるようにする。
〇「CAN-DOリスト」形式による学習到達目標：「読むこと」のディスクリプタ（一部）
　・3年：初歩的な英語で書かれた，ある程度の長さの物語を読んで登場人物の行動や話の流れなど，あらすじを読み取ることができる。
　・2年：初歩的な英語で書かれた簡単な物語について，話の展開を読み取ることができる。
　・1年：初歩的な英語で書かれた短い話について，大まかな流れを読み取ることができる。
〇3年生のある単元の目標
　・単元Aの目標　時間軸に沿って物語のあらすじを読み取る。
　・単元Bの目標　物語に登場する複数の人物の心情の変遷を読み取る。

　この例を見ると，「CAN-DOリスト」形式による学習到達目標は，学習指

導要領に示された領域別の目標を具体化するとともに，その学年で扱う複数の単元の目標を束ねる役割を果たしていることが分かる。つまり，「CAN-DOリスト」形式による学習到達目標は，学習指導要領に示された目標と，各学校で計画，実施する英語教育カリキュラム内の個別の単元目標の両方と整合性のある形で作成することが求められる。

　投野（2013）は「CAN-DOリスト」内の1つ1つのディスクリプタを作成する際に着目すべき点として，（1）どのようなタスクができるか，（2）どのような言語の質でできるか，（3）どのような条件下でできるか，という3要素を挙げている。そして，これらの3要素は，受容技能（「聞くこと」，「読むこと」）では，①課題，②テキストの特徴，③条件として具体化できるとしている。上の例の場合，①「登場人物の行動や話の流れなど，あらすじを読み取る」，②「ある程度の長さの物語」，③「初歩的な英語で書かれた（ものであれば）」という対応がある。同様に発表技能（「話すこと（やり取り）」，「話すこと（発表）」，「書くこと」）では，3要素は①パフォーマンス，②質，③条件として具体化できるとしている。例えば，①「意見を述べる」，②「理由を示しながら」，③「英語で聞いたり，読んだりしたことについて（であっても）」と各要素を定めると「英語で聞いたり，読んだりしたことについて，理由を示しながら意見を述べることができる」というディスクリプタが生み出される。

　なお，すべてのディスクリプタが上記の3要素を必ず含んでいなくてはならないということではない。実際のところ，どの程度具体的なディスクリプタが必要であるかは，その利用場面によって異なる。例えば，「CAN-DOリスト」を児童生徒に学習のめあてとして提示する際等には，3要素を含む教員用の詳しい「CAN-DOリスト」から，「（1）どのようなタスクができるか」の要素のみを取り出して平易な表現に書き換えたものを用いることが考えられる。

参考文献

投野由紀夫（2013）．『CAN-DOリスト作成・活用英語到達度指標 CEFR-J ガイドブック』東京：大修館書店．　　　　　　　　　　　（猫田英伸）

Q 57　ふり返りシートの作り方，問い方で大事なこととは？

1．ふり返りシートの作り方

　ふり返りシートによる指導と評価の意義・目的，実施時期，活用方法については，Q30で議論・提案しているが，表にまとめると以下のようになる。

表6-57-1 ふり返りシートの意義，内容，評価時期と活用方法

「なぜ」 ふり返りの意義	「なに」 設問項目	「いつ」 評価時期	「どのように」	
			指導	評価
知識技能を生かした思考判断表現の活動に主体的に取り組む態度を指導評価する	到達目標・計画に沿って学習できたか	各授業後 単元終末	活動中のフィードバック 事後指導	主体的な学習への取り組み態度を補完
	学習成果と今後の課題を理解しているか	単元終末 各言語活動後		

(筆者作成)

　このようなシートを作成し，ふり返りを有効に実施するには，児童たちが「思考・判断・表現」に取り組める目的や場面状況のある言語活動を終末に配置する単元計画を立てて授業を展開していく必要がある。その手順は以下のようになる。

（1）単元目標を決める
　単元の目標となる言語活動＝評価する領域と目標を決める。仮に「話すこと（発表）」の「（ウ）身近で簡単な事柄について，伝えようとする内容を整理した上で，自分の考えや気持ちなどを，簡単な語句や基本的な表現を用いて話すことができるようにする」を踏まえて，小学校での思い出についてのポスター・プレゼンテーションを単元目標とする授業を想定してみよう。

（2）単元計画（単元目標と評価規準）
　単元計画では目標となる特定の領域の終末言語活動を決める。続いて，そ

の言語活動ができるために必要な「知識・技能」を決めて評価規準を作成する。「主体的に学習に取り組む態度」は「思考力・判断力・表現力」の規準と同様とし，言語活動をルーブリックに基づいて評価する際に，言語活動中の主体的態度を評価する一方で，特に「自己調整」について「ふり返りカード」を記述させて児童に学習の工夫を促すことが望まれる。目標と評価規準の例は以下のようになる。

単元目標：一緒に卒業する友だちと小学校での思い出をふり返るため，小学校での出来事についての自分の思い出や気持ちを，過去を表す表現などを用いて発表することができる。

表6-57-2　評価規準例

知識・技能	思考・判断・表現	主体的に学習に取り組む態度
〈知識〉 過去を表す表現を理解している 〈技能〉 小学校での出来事について自分の思い出や気持ちを話す技能を身に付けている	一緒に卒業する友だちと小学校での思い出をふり返るため，小学校での出来事についての自分の思い出や気持ちを，過去を表す表現などを用いて話している。	一緒に卒業する友だちと小学校の思い出をふり返るため，小学校での出来事についての自分の思い出や気持ちを，過去を表す表現などを用いて<u>話そうとしている。</u>

(筆者作成)

　このような単元目標と評価規準を踏まえて，児童たちが取り組む言語活動課題，その評価ルーブリック，できればB評価のベンチマーク（典型的なB評価のスピーチ具体例）を作成し評価を実施する。評価では目標となる「思考・判断・表現」の言語活動の評価は極力行いたい。言語活動を通して知識・技能や主体的態度を評価することは可能だが，思考力・判断力・表現力は言語活動抜きに評価不可能だからである。主体的態度については，言語活動評価だけではなく，ふり返りシートでの省察を行う。その事例を表6-57-1に基づいて考えてみたい。

（3）ふり返りシートで問う項目

　ふり返りシートで問う項目は，「到達目標・計画に沿って学習できたか」「学習成果と今後の課題を理解しているか」に大別され，授業展開に沿ってさらに4項目に細分化できる。

①学習目標：自ら学習目標を立て，それが達成できたか
②目標到達の見通し・計画：学習計画を立て，それらが達成できたか
③言語活動の自己評価：言語活動でできたこと・できなかったこと
④言語活動の改善方法：なぜできた・できなかったか。どう改善するか

　小学校での思い出を語る単元の場合であれば，単元末に行うふり返りカードで以下のような問いを立てることができるだろう。
①学習目標（例）：
 • 事前に立てる目標：小学校の思い出のプレゼンテーションをします。自分のどんな気持ちをクラスメートに伝えたいですか。
 • ふり返り：自分のクラスメートへの気持ちは伝わりましたか。どんな英語の言葉やポスターの写真で伝えることができましたか。
②目標到達の見通し計画（例）：
 • プレゼンテーションを準備する際に，特に工夫したことは何ですか。
 • 友だちと準備をしていて面白いやり方だなと思ったことはありましたか。
③言語活動の自己評価（例）：(教員もルーブリックに基づいて評価する)
 • 言語面：うまく言えた表現，言いにくかった表現があれば書いてください。
 • 内容面：プレゼンテーションはうまくできましたか。うまくいったことと，もう一度トライしたいことを書いてください。
 • 方略面：友だちの話を聞き取れなかった時に聞き直しましたか。
④言語活動の改善方法（例）：
 • あまりうまくいかなかったことについて，なぜうまくいかなかったと思

いますか。

- 次の授業で試してみたいこと，これから続けていきたいことを書いてください。

これらを全て自由記述させる時間は取れないので，項目を絞る，ふり返りの機会を別に取るなどの方法が考えられるだろう。

２．ふり返りシートの問い方で大事なこと

否定的な示し方になるが，「こういう聞き方は避けたい」問いを何点か挙げておきたい。以下のような問いは，問題があると答えた児童への個人フォローを意図した問いでなければ，授業改善のフィードバックとしては有効かもしれないが，児童の主体的態度を評価する問いにはならない。

①児童本人には評価判断が難しいこと：「うまく発音できましたか」
②指導内容の理解度確認：「話の内容はわかりましたか」「食べ物の名前を覚えることができましたか」
③授業への積極的参加：「今日の授業は楽しかったですか」「活動に積極的に進んで参加できましたか」

いずれも評価すべき，教師が把握すべき内容ではあるが，①は児童の授業中の行動観察やパフォーマンス評価などを通して教師が確認すべきことであるし，②のような理解度確認もするとしたらリスニングテストや授業中の行動観察などの方法で行うのが適切であろう。③は，教師としても確認したい点ではあるのだが，授業の成否のバロメーターにはなっても，児童自身の評価につながるものとは言い難いだろう。

児童の主体的態度を育てるためのふり返りシートの活用が今後さらに進み，児童から何を引き出したいか，どんな学習者に育てたいかが問いににじみ出るようなふり返りシートの提案と改善が続くことを目指したい。

（今井裕之）

Q 58　辞書の使い方とは？

1．小学生が英語の辞書を使用する意義とは？

　2017年改訂小学校の学習指導要領では，中学校や高等学校とは違い，辞書の使用に関する記述はない。また，小学校での4年間で扱う語彙数も600～ 700語と比較的少なく，教科書巻末の単語リストだけでも対応できるかもしれない。しかし，辞書を使うことは，教科書には載っていないが本当に伝えたいことを表現できたり，教室の内外で見た英語を調べることができ，英語に慣れ親しませ，興味関心を高めることが期待できる。さらに，効果的な辞書使用は，将来的な学習者としての自立にもつながるため，子どもの実態に応じて使用させる価値はあると言える。

2．辞書の種類に応じた指導のポイント

　どのような辞書を使うかに関しては，一般的なものは，収録語数や語義の数が多く，また例文の内容が小学生に適していないことが多いため，小学生向けのものを使うのがよいだろう。これらの英語辞書には，大きく分けて絵辞典，英和辞典，和英辞典の3つがあり，これらがセットになったものが多い。教師の役割は，辞書の特性を把握した上で，辞書をいつ使い（使わないか），どのように使用するかを，辞書使用を通して理解させることである。

　絵辞典には，「教室」や「動物」などのテーマ別に語義を表すイラストが載っている。絵で表現できるものということで収録されているのは名詞がほとんどである。絵辞典の利点は，なんといっても文字が少なく，勉強というよりは図鑑を見るような感覚で楽しく英語に触れることができることである。また，日本語に頼ることなく意味を推測する力を身に付けることも期待できる。例えば，職業に関するページでネコを検診している人の絵から，「獣医」（vet）という言葉を知らなくても，テーマとイラストからvetが「動物のお医者さん」だとおおよその意味を類推することができる。

　英和辞典と和英辞典には，フレーズや会話例など単語の使い方に関する情報が載っていることが多く，言語のインプットとしても役に立つ。また，形容詞（例：strange），抽象的な名詞（例：love），副詞（例：sometimes）などは日本語を介した方が効率的に語義を理解できる。

　英和辞典は知らない表現を調べる際に用いるが，事前にある程度アルファベットの順番に慣れている必要がある。アルファベットの定着を図る目的で，英単語を提示して引かせることもできる。内容理解のために未習語を引かせる際は，児童が知りたいと思うものにすべきであり，予習として新出単語を調べさせるという指示は外国語活動と外国語科の目的に沿わない。また，知らない単語を全て調べさせるというのも，文脈から推測する力が育たなかったり，1字1句理解しないといけないという意識につながりかねないため避けるべきである。1つの目安として，名詞や動詞など意味理解に重要な語に限定するとよい。

　和英辞書の使用は表現活動の際に有効である。小学校では，話す活動の後に，言いたくても言えなかった表現を教師が教えることが多い。しかし，全ての児童のニーズに対応することは困難であるため，学年によっては自分で調べさせることもできるだろう。その際，難しい語を児童が使用することがあるが，相手に伝わらなかったり，品詞，語法，単語の選択における誤りにつながりかねない。そのため，辞書に頼らず知っている語で表現できないか考えさせたり（例：「辞書を引く」→「辞書を使う」），調べた表現の中から習った語を選択させることは，相手に伝えるという意味で重要である。適切な言語使用には，例文の表現を参考にさせるとよい。辞書を引く際は，頭に浮かんだ日本語で辞書を引いても目当ての単語がない場合がある。その際は，日本語をより平易で一般的な表現に変換させるとよい（例：「腹がへった」→「空腹な」）。

　いずれの辞書を使用するにせよ，負担にならないように配慮し，児童にとって辞書が，英語を身近なものとし，好奇心を満たすための道具として捉えられるような指導を心掛けたい。

（鈴木健太郎）

Q 59　授業のふり返りとは？

1．授業をふり返る理由

　新任の教師であろうと，どれほどの経験を積んでいる教師であろうと，授業が上手くいくときとそうでないときがある。これは，授業にかかわる要因が多く（例：クラスの雰囲気，学習内容，指導法），かつそれらが一定ではなく変動しうるためである。そのため，前回上手くいった指導法が次の授業で通用しなかったり，時代の変化によって教え方を変えざるを得なくなったりすることがある。したがって，教師には，必要に応じて自らの授業を改善する力が求められるのである。そして，この授業改善力を高めるには，自分の授業をふり返り，昨日の授業より今日の授業，今日の授業より明日の授業をより良くしようとする意識が重要となる。

2．どのように授業をふり返るか？

（1）授業改善のためのアクション・リサーチ

　では，どうすれば授業改善につながるような授業のふり返りができるのだろうか？　その方法の1つに，アクション・リサーチがある。授業実践におけるアクション・リサーチとは，教師が授業や学習について理解し，授業実践の変化をもたらすために自らの授業で行う小規模の調査であり，計画，行動，観察，ふり返りというサイクルからなる（Richards & Lockhart, 1994, p. 12）。教育の質が高いことで有名なフィンランドでは，教員養成系の大学院でアクション・リサーチが奨励されており，日本でも高知県や神奈川県といった地方の教員研修を通して行われるようになってきている（佐野，2014）。

（2）アクションリサーチの方法

　アクションリサーチにはさまざまな流れが存在するが，ここではRichards and Lockhart（1994, pp.12-13）が挙げている手順を紹介する。

教師（1人，または教師集団）は，以下のことを行う：

①明らかにしたい問題点や関心事を決める（例：教師の発問の使用）

②選んだトピックについて適切な情報収集の方法を選ぶ（例：授業を録画）

③情報を集め，分析し，どのような改善が必要かを検討する

④授業中の行動を変えるために授業計画を立てる（例：教師が質問に答える頻度を減らすよう計画を立てる）

⑤計画を実践した教師の行動を観察し（例：授業を録画し教師の発問を分析），その計画の重要性について振り返る

⑥もし必要であれば，次のサイクルを始める

（3）アクション・リサーチの実践例

アクション・リサーチの具体的な実践例については，横浜国立大学名誉教授である佐野正之氏が立ち上げた「日本教育アクション・リサーチ・ネットワーク」のウェブサイトに全国の先生方が実践しているアクション・リサーチの例が閲覧可能である。是非一度ご覧になることをお勧めする（https://sites.google.com/site/jearnhome/）。授業がうまくいかない，ということはどのような教師にもある。その状態から抜け出すための方法の1つとして，アクション・リサーチは役立つはずである。

参考文献

Richards, J. C., & Lockhart, C.（1994）. *Reflective teaching in second language classrooms*. New York, NY: Cambridge University Press.

佐野正之（2014）.「アクション・リサーチと英語教師の成長」. 全国英語教育学会（編）『全国英語教育学会第40回研究大会記念特別誌英語教育学の今―理論と実践の統合―』pp.261-265.

（神村幸蔵）

Q60 教師として成長し続けるために必要なことは？

1．そもそも教師（学校教員）の成長とは

　この問いに答える前に，「教師の成長」について考えてみたい。「成長」ということばを聞くと，普通，1人の人間の誕生から，心身が発達し成熟に至るまでの過程を思い浮かべるだろう。それになぞらえると，教師の成長とは，教壇に立った時点から，自らを高めて熟練した教師へとたどり着くまでの道のりだと言える。つまり，教師の成長とは「熟練した教師となるために，自分の持っている資質能力を高めようと学び続けること」であると言える。

2．教師に求められる資質能力とは

　表6-60-1は，中央教育審議会（2012）が「教職生活の全体を通した教員の資質能力の総合的な向上方策について」という答申の中で，教員に求められる資質能力して挙げたものをまとめたものである。これらのうち，「専門職としての高度な知識・技能」については，本書の内容が非常に役立つだろう。一方，「使命感」，「責任感」，「教育的愛情」などは能力というよりも個人の内面的なものである。これらの資質はどのように高められるのだろうか？

表6-60-1　**教員に求められる資質能力とその内容**（中央教育審議会, 2012）

教員に求められる資質能力		
○教職に対する責任感，探求力，教職生活全体を通じて自主的に学び続ける力 ・使命感 ・責任感 ・教育的愛情	○専門職としての高度な知識・技能 ・教科や教職に関する高度な専門的知識 ・新たな学びを展開できる実践的指導力 ・教科指導，生徒指導，学級経営等を的確に実践できる力	○総合的な人間力 ・豊かな人間性や社会性 ・コミュニケーション力 ・同僚とチームで対応する力 ・地域等と連携・協働する力

（筆者作成）

　例えば，担任教師となった場合，あなたは自分の受け持つクラスの子どもたち全員に等しく愛情を持って接することができるだろうか？　人間同士の関係である以上，相性の良い子とそうでない子が出てくることは避けられないだろう。また，あなたは，教えている子どもたちや彼らの親，他の教師，はたまた広く社会に対してどのくらい責任感を持って教師を務められるのだろうか？　このような教師の内面の資質は，簡単に変えられるものでもないが，教師生活のあらゆる場面での判断を左右するものである。こういった資質について「より良い」を追求することは，教師として成長し続けるために必要なことの1つである。

3．英語学習者のロールモデルとしての教師

　小学校教師に限らず，英語教育に携わる者は，日々英語の学習に取り組まなければならない。つまり，教師自身も英語学習者であり，その「成長し続ける教師」の姿は，同じ英語学習者である子どもたちにとって良いロールモデルとなる。例えば，4月にはALTとのやりとりがぎこちなかった先生が，夏休み明けには少し流ちょうにALTの先生と会話していたとする。それを観た子どもたちは，先生の成長を感じるとともに，自分もやればできると期待感を抱くだろう。また，言い表したい物の英単語がわからないとき，ALTの先生に "How do you say...in English?" と授業中に尋ねることで，それを聞いていた子どもたちにコミュニケーションのための方略への気づきを与える可能性もある。自分自身が子どもたちのロールモデルでもあるという意識を持つことは，英語を教える小学校教師として必要なことであろう。

参考文献

中央教育審議会（2012）．「教職生活の全体を通じた教員の資質能力の総合的な向上方策について（答申）」．入手先　https://www.mext.go.jp/component/b_menu/shingi/toushin/__icsFiles/afieldfile/2012/08/30/1325094_1.pdf　2020年1月5日閲覧.

（神村幸蔵）

Q 61　小学校外国語の指導者に求められる資質・能力とは？

1．学級の実態に合わせた授業計画を作成することができる

　各学校によってカリキュラムや各学級の児童の実態は異なるため，指導者はそれらに応じた授業計画を作成しなければならない。

（1）児童の実態把握

　児童が進んでコミュケーションを図りたいと思うような，興味・関心のある題材や活動を設定するためには，児童のことをよく理解しておかなくてはならない。

（2）他教科等との関連

　他教科等と英語科とを関連づけ，コミュニケーションに目的や場面，状況を設定することができる。例えば，図画工作科で作成した作品を友達に紹介するという目的で，Show & Tell をするなどが考えられる。そのためには，年間指導計画作成では，他教科等との関連を考え，どの言語材料をどの時期に行うことが効果的なのか，単元指導計画作成では，単元進行のどのタイミングで他教科等の学習を取り入れるのか等を考え，作成しなければならない。

2．英語学習の雰囲気づくりをすることができる

　児童の英語学習への不安感を取り除き，児童が安心して英語を使ってコミュニケーションを行うことができる環境を整えなければならない。そのためには，例えば，個々の児童の英語の理解度や性格を考え，指名する順番やペアやグループの編成を工夫することなどが考えられる。このような指導を行うためには，日頃から個々の児童理解に努めなければならない。専科教員においても，日常的に学級担任と児童の様子について連携しておくことが求められる。

3．教科化に対応した専門性を高めるための自己研鑽を することができる

英語科の指導では，学級担任が指導する場合や専科教員が指導する場合が考えられるが，学級担任が指導する場合は，全ての学級担任が英語科の専門性を有しているとは限らない。そのため，学級担任の指導力向上のため，校内研修の計画的・継続的な実施と教師自らの自己研鑽が必要である。

4．ALT や英語が堪能な地域人材と協力することができる

外国語科では，より効果的な授業展開をするために，ALT や英語が堪能な地域人材の協力を得ることが大切である。

（1）英語表現における正確さ・適切さの担保

教科化に対応するため専門性が求められる中，児童に標準的な英語の音声や正確な発音を習得させるために，ALT や英語が堪能な地域人材は欠かせない。また，ALT との打ち合わせにおいて，指導者自身の発音をチェックしたり，授業で行うモデル・スキットを ALT と練習したりするなど，授業で ALT を活用するだけでなく，授業外でも，積極的に ALT と英語でコミュニケーションを行うようにしたい。

（2）学校内外において異文化に触れさせる場面・状況を設定

英語で自分の考えを述べたり，相手の発話を聞いて理解させたりする学習活動に ALT や英語が堪能な地域人材は欠かせない。授業を実際のコミュニケーションの場面とし，児童の英語に触れる機会を充実させるために，これらの人々に協力を得られるよう，日常的な連携を図り，関係性を築いておこう。

参考文献

文部科学省（2017）．『小学校学習指導要領（平成 29 年告示）解説　外国語活動・外国語編』東京：開隆堂出版．

文部科学省（2017）．『小学校外国語活動・外国語　研修ガイドブック』入手先　https://www.mext.go.jp/a_menu/kokusai/gaikokugo/1387503.htm 2019 年 12 月 24 日閲覧．

（大里弘美）

第7章　小学校外国語教育における
　　　　教師の自主研修と校種間の
　　　　連携

Q 62 学級担任に必要な英語力と，その伸ばし方は？

1．小学校英語における学級担任の役割とは？

　学級担任が外国語を教えることのメリットとして，以下の3点が挙げられる：（1）児童の特性や性格，興味・関心を理解した上で指導することができる，（2）英語学習者のモデルとして，会話例やお手本を児童に示すことができる，（3）ALTや専科教員とのティーム・ティーチングを円滑に行うために，授業全体の進行をすることができる。（2）と（3）のためには，ALTや児童とコミュニケーションをとるために必要な英語力を，学級担任が身に付けておく必要がある。しかし現場の教員の多くは，英語でのコミュニケーションや，英語に関する知識に自信がないという。自信を持って英語の指導をするためには，学級担任が身に付けるべき英語力を理解した上で，英語に触れる時間を意識的に作ることが大切である。

2．学級担任に求められる英語力とは？

　では，具体的にどのような英語力が学級担任には求められるのだろうか。加賀田（2013）は，英語の指導者に必要な英語力として以下の能力を挙げている。（a）高校卒業程度以上の英語理解力と知識，（b）中学卒業程度以上の英語運用能力，（c）身近な話題や日常生活について，英語で簡単な会話をする力，（d）（事前準備がある状態で）英語で導入や小話をする力，（e）感情を込めて絵本の読み聞かせをする力，（f）教室英語を流暢に用いる力，（g）簡単な英語を使ってALTと授業の打ち合わせをする力。（a）～（c）の力があれば，小学校レベルの学習事項をカバーし，児童やALTと英語を用いてコミュニケーションをとることができる。また，授業をより効果的かつ円滑にするには，（e）～（g）の力が必要となる。

3．学級担任としての指導に必要な英語力の伸ばし方

日頃から，英語独特の発音・リズム・アクセント・意味がある単語やフレーズについて，注意して覚える習慣をつけるとよい。そして，授業準備や自身の英語学習において馴染みのない単語や文法事項がある場合には，ノートに書き留め，繰り返し見直すことが有効である。

読む・聞く力を伸ばすには，英語のインプットを多く入れ，自身が理解できる表現や単語を増やす必要がある。音声・文章などさまざまなモードで繰り返し英語に触れることで力が伸びていく。気軽にかつ継続できる学習のあり方を模索するとよいだろう。例えば，楽しみ目的で平易な英語の本を読む，英会話ラジオを聴く，映画を英語字幕・音声で視聴するなどが挙げられる。また，場所を選ばずに利用できる携帯電話の英語学習アプリもよいだろう。

話す・書く力を伸ばすには，英語運用の機会を作ることが大切である。意識的にALTと英語で話したり，教室や日常場面で児童に伝えたい内容を，平易な英語でどう伝えたらよいかイメージトレーニングしたりすることもよい。また，英語の資格試験を受験することで，英語学習のモチベーションを上げることもできる。常に向上の気持ちを忘れず，学んでいく姿勢を大切にしたい。

参考文献

加賀田哲也（2013）．「第3章指導者の役割，資質と研修—よりよい指導者をめざして」樋口忠彦（代表）・加賀田哲也・泉惠美子・衣笠知子（編著）『小学校英語教育法入門』（pp. 27-37）東京：研究社．

名畑目真吾（2018）．「第9章クラスルームイングリッシュの活用」．吉田武男（監修）・卯城祐司（編著）．『初等外国語教育』（pp. 105-115）京都：ミネルヴァ書房．

（小木曽智子）

Q 63　校内研修で大事なことは？

1．校内研修の機会としてどのようなものがあるか

　校内研修には，理論研修，授業研究，そして実技研修がある。

　理論研修は年度当初に行われることが多く，設定した研究主題に迫るために仮説を立て，どのような手法を用いて取り組むか，どのような年間計画にするのか，その成果をどう検証するのか等を協議するものである。

　授業研究は，実際の授業を観察するもので，事前には指導案検討会，授業後には協議会がもたれ，授業やこれまでの取組みについて協議するものである。

　実技研修は英語授業における指導技術向上や教員自身の英語能力向上を目指して行われるもので，教職員のニーズや実態に応じて内容は様々である。

2．校内研修で授業研究に参加する際の心構え

（1）授業参観する際の視点
　・指導案から読み取ろう

　指導案には，その授業を見る視点がたくさん詰まっており，授業者がどのような実態の児童に対して，どの教材を用い，どのような指導方法を用いるのか読み取ることができる。また，単元計画を通して，児童にどのような力をつけようとしているのか，そして本時の授業がその計画のどこに位置するのかを指導案から掴むことが大切である。授業を見る前日までには指導案を読み込み，疑問に思ったことは授業者に聞いておくようにしよう。

　・指導技術を学ぼう

　実際の授業の中で授業者がどのような指導技術を用いているかを観察しよう。優れた授業者はフラッシュカードの提示の仕方1つをとってみても，意図をもって行っている。疑問に思ったことは授業後にその意図を聞いてみよう。指導技術を見る視点はたくさんある。例えば，本時のめあての提示の仕

方，本時の授業の流れの提示の仕方，児童からの引き出し方，間違いの訂正の仕方，褒め方，指示の出し方，机間指導の仕方，教室英語などの指導者の発話，デジタル教材や機器の活用の仕方など様々である。

・児童の様子を見取ろう

児童が授業内で，何ができるようになったかを見取ることも大切である。教室全体を観察する方法や，特定の児童を中心に観察する方法がある。その授業内での児童の発話量や内容を捉えることを目的とするなら，特定の児童を中心に観察する方法が良いであろう。

児童の表情を観察することは授業観察では重要である。教材，教師の指導，活動内容が魅力的であれば，それは児童の顔に表情として表れるからである。全体指導の場面では，教室前方から児童の表情を観察しよう。外国語の授業では児童が一斉に発話する場面が多く見られる。教室後方からは，児童全員が大きな声で自信を持って言えているように見える。しかし，前方から観察すると，必ずしもそうではない児童がいる。その児童が授業時間内でどのように変容するのか，またはしないのか見取るのである。そしてその要因は何か，それを自分なりに考えて事後協議会に参加するとよいだろう。

（2）事後協議会に参加する際の心構え

協議会は，授業者が本時の授業をどのように捉えているか，また参観者がどのように捉えたかを意見交流し授業の改善を図る，学びの多い研修の場である。積極的に参加しよう。

・質問をしてみよう

授業者の意図や活動の意図，これまでの指導など，疑問に思ったことは質問しよう。質問が思い浮かばないときは感想でも構わない。発言して協議会に主体的に参加する態度が大切である。

・自分の見取りを共有しよう。

授業を参観して見取った児童の姿を共有しよう。またほかの参観者がどのような視点で児童を見取っているのかも参考にしよう。

事後協議会後には，感想を言葉や文字にして授業者に伝えよう。

（戸井一宏）

Q64　自主的に学びたいと思ったときには？

1．情報収集をしよう

　授業やレッスンをしていて改善の必要性を感じた時が研修の最大のチャンスである。また，英語教育では動向の変化が大きく，常に最新の情報に注意している必要がある。日頃から，より効果的な指導法や新しい方法を求めて，常に研修する姿勢が大切である。以下に情報収集の方法を示す。より気軽にトライできる順としたので，得た中から一つでも試してみるとよいだろう。

（1）インターネットで過去の実践を探す

　他の指導者が試したいろいろな授業実践や，指導案，研究会などで発表された実践などがすぐに見つかる。文部科学省の「えいごネット」や小学校英語教育学会（JES）のホームページ，各出版社の情報サイトなどでも，過去の実践を見ることができる。

（2）雑誌や本で指導法や過去の実践を探す

　書店にも英語教育関係の本や雑誌があふれている。本を1冊読みきるにはある程度時間が必要だが，大修館の『英語教育』などの雑誌には，様々な種類の指導法や実践が紹介されている。読みやすく授業にも取り入れやすいので，まずは手に取って自分が興味をもてるものを探してみるとよい。また，書籍をじっくり読んで理論や背景を理解し，関連した指導法を授業に取り入れてみるのもよいだろう。自分の興味のあるテーマ（どんな点を改善・向上させたいのか）の書籍を探してみよう。

（3）研修会やセミナーに参加する

　全国各地で様々な研修会が開催されている。主催は，学校の研究発表会や出版社などの企業，テスト団体，学会など様々である，ほとんどの場合，会員にならなくても誰でも参加できる。開催時期・日程は様々だが，日程の一部だけ参加することもできる。インターネットや雑誌の情報欄で開催の情報

を探すことができる。また，学校にポスターが貼られていたり，勤務先に案内がFAXや郵便で送られてくることも多いので，常にアンテナを高くしておくことも大切である。

2.　研究してみよう

　ある程度自分の興味があるテーマが決まったら，「研究」として効果を具体的に検証し，発表するためにまとめることも大変よい研修になる。校内研修や悉皆研修のテーマにあてるのもよいだろう。また，学会などの「自由研究発表」や「実践報告」の場（多くは年に一度，全国大会の際に申し込む。会員になる必要がある。）で発表すると，質問されたりコメントをもらえたりすることができ，自分の研究についてより客観的に捉え直すことができる機会となる。

　立場によっては，勤務を離れて集中的に研修・研究し大学の先生などから専門的な指導を受け，より深く研修することも可能である。「長期研修」や「内地留学」などと言い，期間や研修先，応募できる条件や研修中の待遇などは勤務先によって様々なので，そのような制度があるかどうか，また自分が応募可能なのかから調べてみる必要がある。

　さらに深く学びたい場合は，大学院に入学して研究する方法もある。大学院を修了すると専修免許と修士号を取得することができるが，自分の専門分野の研究だけでなく，修了に必要とされる単位を取得し所定の手続きをする必要がある。現職教員が勤務を離れて大学院で学ぶ場合，教員の身分を保ったまま休職して研修することもできる（大学院修学休業制度）。または上述の長期研修同様「派遣」としてや，夜間開設の大学院に働きながら通う制度もある。派遣の場合，休業とは待遇の面で大きく異なるので，試験があるなど条件が厳しいことが多い。いずれの場合も修学の条件が所属先によって様々なので，管理職や教育委員会に問い合わせてみる必要があるだろう。

（鈴木はる代）

Q 65　小学校と中学校の外国語教育はどのように異なるの?

1．5領域の言語活動の取り扱い方の違い

　小学校では5領域の言語活動のうち,「聞くこと」「話すこと（やり取り）」「話すこと（発表）」の3つの技能の基礎的なものを身に付けることをねらいとし,「読むこと」「書くこと」については慣れ親しませることをねらいとしている。さらに,小学校で初めて外国語に触れることに配慮するため,1単位時間で指導する際の言語活動を5つの領域を統合して指導するというよりも,1つの領域を取り上げ,丁寧に活動を展開する。例えば,「聞くこと」を目標にした活動では,ゆっくり,はっきり話された英語を聞いて,簡単な語句や基本的な表現を理解することをねらいとする。段階的に理解を促すために,実物やイラスト・写真などを手掛かりとして与えたり,ジェスチャーゲームなどを通して動作や表情を手がかりとして聞き取る活動をする。聞き取ることができたという達成感を与えることを重要視する。

　中学校では,簡単な情報や考えなどを理解したり表現したり伝え合ったりするコミュニケーションを図る資質・能力を育成するために,5領域それぞれについて,基礎的な技能を身に付けさせることが目標になっている。実際のコミュニケーションにおいて活用するために,複数の領域を効果的に関連づけて統合的な言語活動を展開することが重要になる。例えば,ALTを紹介する活動で,①ALTの自己紹介を聞く,②聞き取ったことをメモする,③紹介文を作成する,④紹介文を読む,⑤ALTについて話し合う,など一連の活動を5領域を統合して言語活動を展開する。

2．言語活動に取り扱う内容の違い

　小学校では,言語活動に取り上げる話題は,日常生活に関する身近で簡単な事柄である。その例として,学校の友達・教師,家族,身の回りの物や大切にしている物,学校や家庭での出来事,日常生活で起こることが挙げられる。目で見て確認できる事柄や動作について,英語の音声で十分に慣れ親し

ませ，発音や強勢・語順など様々な気づきにつなげていく。また，パンフレットや絵本に描かれている事柄を取り上げ，言語活動につなげることもできる。その場合でも，絵や写真など非言語的な手がかりと一緒に英語を取り上げることが肝心である。語句として英語の綴りを覚えることに向かわず，音声に親しませることから，様々な言語活動に展開する。

　中学校で言語活動に扱われるのは，日常的な話題と社会的な話題である。日常的な話題は，生徒自身や家族に関すること，生徒の興味・関心の対象になることや社会生活で必要なことであり，例として，学校行事や部活動，大切にしているもの，好きなもの（スポーツ・音楽・映画・テレビ番組），休日の計画，天気予報，交通情報等多種多様な事柄が挙げられる。社会的な話題としては，エネルギー問題や国際協力，平和問題，地球温暖化の防止などがある。これらの話題に関して5領域の言語活動を展開し，自分なりの意見や感想を，理由や例示と共に表現し理解することが求められる。さらにこの活動を通してこの話題に関する語彙や文構造・文法事項の習得が要求される。

3. 言語学習のスタイルの違い

　小学校では，様々な体験的活動を重視しながら，英語の音声に慣れ親しませ，児童の様々な言語上の気付きを促す授業を展開する。ただし，話すことを急がせないように留意する。音声を十分に聞かせたうえで，ゲームや歌・チャンツなどを使って，繰り返し口にする活動を通して慣れ親しませ，意欲を高めながら段階的に話すことにつなげる。英語を使おうとする意欲や態度を認め，賞賛し，支援を行うなどして，英語を用いたコミュニケーションの楽しさを児童が実感できる配慮をする。

　中学校では小学校で慣れ親しんで培ったコミュニケーションの素地や基礎をもとに，様々な言語上の気付きや理解の幅を体系的に拡げていく。そのために，小学校時よりもさらに現実的な場面に即し，意味のある文脈の中でコミュニケーションをする言語活動を繰り返し展開する。さらに文構造や文法事項を正しく用いて情報や意見のやり取りができるように学習を進めていく。

（寺島清一）

Q 66　小中連携の視点とは？

1．小中連携の重要性

　普段日本語を母語として暮らす児童生徒にとって，週に2〜4時間と限られた時間で外国語を効率よく習得するためには，小中での連携は欠かせない。授業を英語で進めることが義務付けられた昨今，「分かる授業」を展開するためには，なおさら小中で連携して授業の進め方やカリキュラムを共有していかなければならない。

2．クラスルームイングリッシュの共有

　教室内で使われる指示英語や，授業冒頭の挨拶，アクティビティの説明語句や表現など，授業中に使われる英語をできるだけ馴染み深くするために，小学校外国語活動の導入時から義務教育終了時までそれを共有することで児童生徒の不安感が軽減される。小学校3年から，段階を追って導入していくと中学校に入学する頃には，授業の大半を馴染みのある英語で進められる。ペア活動やゲームの順番を決める際のジャンケン "Rock, Scissors, Paper, One, Two, Three!" や児童生徒から一斉の応答を求める時の "One, Two" など，小学校から継続して使っていると中学3年生の授業でも自然に使えている。中学校の英語指導者は，学区内の小学校の外国語活動や外国語の授業を参観して，どんなクラスルームイングリッシュが使われているのか把握することから始めてみよう。そして，中学校でそのクラスルームイングリッシュを使ってみよう。生徒がにこやかに反応し，授業の雰囲気が変わるだろう。

3．目標の可視化（CAN-DO リスト・ふり返りカードの共有）

　小学校での4年間，中学校での3年間，計7年間の義務教育の間の英語学習で，各学年で領域ごとにどんな言語活動をして，何ができるようになっているのかを7つの学年間で共有することに大変意義がある。上の学年では，

過去に取り上げた表現や文構造を繰り返し取り上げ習熟させたり，新しく学習する内容や文法事項の導入に活かしたりすることができる。指導者が既習の事柄を認識して指導することで，英語で授業を進めても児童生徒の不安感が軽減される。そのためにも，児童生徒の発表活動を動画で撮影し，学年・単元・テーマごとに整理してデータベース化することは，各学年の目標や学習内容を可視化するのに有効である。

　道案内や電話での会話など同じ場面を使った言語活動でも，どの学年で何をテーマにして会話がされるのかを知ることで，活動を組み合わせたり繰り返したりして，さらに深まりのある活動を展開することが可能になる。

　Small Talk についても，同様のことが言える。毎回の帯時間の活動で実施する場合，小学5年生から中学3年生まで，どの時期にどんな話題を取り上げるのか，学年によってどんな表現や文法項目の使用を期待して行うのかを念頭において計画し，スパイラルに指導することで熟達度を向上させることができる。

4．児童生徒の実態把握

　児童生徒の特長を指導に生かすことは，すべての教育活動に大切なことではあるが，外国語科の指導においてその重要度は高い。どの児童生徒が文字認識に苦手な傾向があり，どのような支援を行ってきたのか。また，人前で発表することが苦手だったり，緘黙傾向だったりしていて，どんなふうに対応してきたのか，小学校の外国語指導担当者やALT，学級担任と中学校の教科担任等でしっかり情報交換すべきである。同様に，児童生徒の家族に英語話者がいたり，英語学習が進んでいたりする場合もあるので，過去にどのような活躍場面があったのか等についての情報交換も必要である。さらに児童が作成した自己紹介や作品をスキャナーやデジタルカメラで撮影し，デジタルポートフォリオ化して，学びの履歴として次の学年に持ち上げ活用することも可能である。

（寺島清一）

Q 67　同じ中学校区での小学校間連携の意義と 方法とは？

1．小学校間連携の意義は？

　多くの中学校区には複数の小学校があり，各小学校で学んだ児童が1つの中学校へ入学する。以前は中学校で英語学習が初めて開始していたため，すべての生徒が同じスタート地点に立っていたが，学習指導要領改訂の変遷を経て，中学年で外国語活動，高学年で外国語科の学習が行われている今，小中連携は勿論のこと，小学校間連携も大切なポイントとなってくる。

　小中連携において学びの円滑な接続を図ることは重要であるが，もし中学入学当初の生徒の学びが，各小学校によって大きく異なっていたら，どうだろうか。中学校教員はどこに焦点を置き，指導してよいか戸惑うとともに，生徒はとても不安を感じることだろう。そしてこのことは英語への苦手意識につながりかねない。このようなことから，小学校間連携も小中連携と共に重要な連携であると言える。

2．小学校間連携の方法は？

（1）連携の場を設ける

　ここでは，連携による効果的な取組み例を2つ挙げる。1つ目は，中学校区における「学習到達目標」の設定，2つ目は，具体的な教材の共有である。

①中学校区における「学習到達目標」の設定

　「学習到達目標」については，学習指導要領に基づき，各校の実態に応じて作成することとなっており，「CAN-DOリスト」の形で設定している学校も多いのではないだろうか。これを各校ではなく，中学校区単位で「英語を使って何ができるようになる児童・生徒を育成するのか」という視点で，小学校第5学年から中学校第3学年まで設定することを勧める。このことによ

り，小学校が異なっていても各学年で何ができるようになっているかが明確になり，目標の一貫性を図ることができる。作成の際には，中学校の英語教諭に中心となってもらい，年度当初までに協議し，設定しておくとよい。

②教材等の共有

小学校同士で教材やワークシート等を共有することは，ネットワーク上に利用可能な共有フォルダがあれば，比較的簡単に行うことができる。また，単元の最終ゴールを同じものにすれば，単元の最後に児童が話したり，書いたりした成果物を小学校間で交換し合うこともでき，児童同士の交流の場となる。特に，中学校進学前は児童の不安感が強くなるが，交流を通して同じ学習をしていることを知ることで，学習への安心感が高まる。さらには，その成果物を中学校へ提供し，入学後に導入で活用してもらえれば，効果的である。

（2）情報交換・交流の機会を捉える

前述したように連携の場を設け，「学習到達目標」等を作成することは効果的な取組であるが，作成自体が目的となるのではなく，それらを活用して，連携を充実させていく必要がある。

各地域では，小中合同研修や町教研等で集まって授業や児童についての情報交換を行ったり，授業参観や協議をしたりする交流の機会があるが，そのような場を捉え，小学校間で英語の授業について話をすることは重要である。いったん，人間関係が構築されれば，そのような機会がなくてもお互いに連絡を取り合うこともできるであろう。その際，「学習到達目標」の進捗についても，話題にすることができる。各校の児童がどの程度「やり取り」ができるようになっているか，「書くこと」に慣れ親しんでいるか等について，具体的な話をすることで自校の児童が課題としている領域に気付くことができる。また，教員が授業でどれくらい英語を使用しているか等についても情報交換をすることで，指導改善につなげることができる。

ここで挙げた取組みは一例に過ぎないが，小学校教員が連携を図ることで，中学校へ入学したときに生徒の英語学習への不安感を払拭する効果は，大変大きい。できるところから取り組んでいきたい。　　　　　　（西村尚子）

編著者執筆者一覧

［編著者］

名畑目真吾　筑波大学人間系助教，博士（言語学）。
　著書：（分担執筆）『Reading Cycle: 循環型で学ぶ英語リーディング演習』（金星堂，2015 年），（分担執筆）「MINERVA はじめて学ぶ教科教育⑤」『初等外国語教育』（ミネルヴァ書房，2018 年）。

松宮奈賀子　広島大学大学院准教授，博士（教育学）。
　著書：（分担執筆）『新編 小学校英語教育法入門』（研究社，2017 年），（分担執筆）『小学校英語内容論入門』（研究社，2019 年）。

［執筆者］（50 音順）

荒井和枝	（筑波大学附属小学校教諭）
池田　周	（愛知県立大学教授）
今井裕之	（関西大学教授）
岩本浩司	（広島県安芸郡海田町立海田小学校教諭）
大里弘美	（比治山大学准教授）
大谷みどり	（島根大学教授）
小木曽智子	（駒沢女子大学非常勤講師他）
籠島聡子	（明星小学校非常勤講師）
神村幸蔵	（筑波技術大学非常勤講師他）
川合紀宗	（広島大学教授）
木村雪乃	（獨協大学専任講師）
佐々木大和	（帝京大学助教）
佐藤彩香	（岩手県大槌町立大槌学園教諭）
鈴木健太郎	（北海道教育大学釧路校准教授）
鈴木はる代	（つくば市立沼崎小学校教諭）
田中博晃	（近畿大学准教授）
田山享子	（共栄大学専任講師）
寺島清一	（つくば市立春日学園義務教育学校教諭）
戸井一宏	（広島市教育委員会指導主事）
西原美幸	（広島大学附属小学校教諭）

西村尚子　（東広島市教育委員会主任指導主事）

猫田和明　（山口大学准教授）

猫田英伸　（島根大学准教授）

長谷川佑介　（上越教育大学准教授）

深澤清治　（広島大学名誉教授）

細田雅也　（北海道教育大学釧路校准教授）

森　好紳　（白鴎大学准教授）

新・教職課程演習　第12巻

初等外国語教育

令和3年3月30日　第1刷発行

編著者　名畑目真吾 ©
　　　　松宮奈賀子 ©
発行者　小貫輝雄
発行所　協同出版株式会社
　　　　〒101-0054　東京都千代田区神田錦町2-5
　　　　　　　　　　電話　03-3295-1341（営業）　03-3295-6291（編集）
　　　　　　　　　　振替 00190-4-94061
印刷所　協同出版・POD工場

ISBN978-4-319-00353-2

新・教職課程演習

広島大学監事 野上智行 編集顧問

筑波大学人間系教授 清水美憲／広島大学大学院教授 小山正孝 監修

筑波大学人間系教授 浜田博文・井田仁康／広島大学大学院教授 深澤広明・棚橋健治 副監修

全22巻　A5判

協同出版